不懂汇报工作，还敢拼职场

非常省力的职场做事说话秘籍

会沟通的鱼◎著

黑龙江教育出版社

图书在版编目（CIP）数据

不懂汇报工作，还敢拼职场/会沟通的鱼著.--哈尔滨：黑龙江教育出版社，2017.2
（读美文库）
ISBN 978-7-5316-9127-3

Ⅰ.①不… Ⅱ.①会… Ⅲ.①工作方法－通俗读物 Ⅳ.①B026-49

中国版本图书馆CIP数据核字（2017）第041219号

不懂汇报工作，还敢拼职场
Budong Huibao Gongzuo，Haigan Pinzhichang
会沟通的鱼　**著**

责任编辑　曾令欣
装帧设计　久品轩
责任校对　关雨菲
出版发行　黑龙江教育出版社
（哈尔滨市南岗区花园街158号）
印　　刷　保定市西城胶印有限公司
开　　本　880毫米×1230毫米　1/32
印　　张　7
字　　数　140千
版　　次　2017年5月第1版
印　　次　2017年5月第1次印刷

书　　号　ISBN 978-7-5316-9127-3　　**定　　价**　26.80元

黑龙江教育出版社网址：www.hljep.com.cn
如需订购图，请与我社发行中心联系。联系电话：0451-82533097　82534665
如有印装质量问题，影响阅读，请与我公司联系调换。联系电话：0312-7182726
如发现盗版图书，请向我社举报。举报电话：0451-82533087

前言

Preface

在职场中，什么样的人更容易被提拔重用？

对这个问题，美国管理学家卢森斯和他的副手研究了450多位职场人士，发现职场中的人可以分为三类：（1）高效能人士；（2）快速晋升的人；（3）效率和提拔速度居中的普通人。

效率最高的高效能人士，把44%的时间用于沟通，把26%的时间用于管人，把19%的时间用于决策、计划和控制，把11%的时间用于打造人际关系网络。

快速晋升的人，把48%的时间用于打造人际关系网络，把28%的时间用于沟通，把13%的时间用于决策、计划和控制，把11%的时间用于管人。

而效率和提拔速度居中的普通人，则倾向于平均分配时间。

卢森斯的研究发表后，引起了企业界的震惊和恐慌。因为长期以来，人们总是相信高薪和高位是属于高效能人士的。尤其是那些有完善的绩效考核机制的企业，不得不开始反思自己的评估程序是否早已失灵。

这个发现也让职场人士大跌眼镜，尤其是高效能人士百思不得其解，他们想知道，大家一样在办公室里工作，别人是如何把48%的时间用于打造人际关系的？

进一步的研究找到了答案——汇报！

在一般人的理解里，只有拿着材料或是打开PPT做总结，才叫汇报。这是一个重大的误解。汇报可以分为：正式汇报与非正式汇报、书面汇报与口头汇报、一对一汇报和一对多汇报等。不懂汇报，你还敢拼职场？

汇报之所以能打造良好的人际关系网络，是因为：

（1）汇报可以让上级了解你的工作状况，保持信息通畅度。

（2）汇报可以让上级有机会在过程中指导你、纠正你，加快个人进步速度。

（3）汇报可以让上级发现你的想法和思考，提高个人职场能见度。

（4）向下级和平级做汇报，有助于信息传播和分享，可以提高工作配合度。

（5）汇报是一种主动沟通的行为，体现了对周围人的尊重和重视。

（6）汇报是主动与他人社交的过程，有助于建立和维护工作中的人际关系网络。

“我们都是在职场上渴望向上爬的人，我们不是为了被世界看见，而是为了看见整个世界。”这句话在朋友圈里不知激励了多少人，但是真正懂得怎样往上爬的又有几个呢？读了卢森斯的研究发现，你是不是明白了一些？

那还等什么呢？打开这本书，去寻找你想要的答案吧。

这是一本有关职场汇报的书，详细分析了职场汇报的程序和注意事项，分析了正式汇报与非正式汇报、书面汇报、口头汇报及脱稿汇报的区别和专项技术，教给你不栽跟头的职场智慧，传授你快速脱颖而出的经验秘籍，书中内容都是从血淋淋的事实中总结出来的教训，让你成为会说话、会做人、会做事的职场聪明人。

目 录

Contents

第 1 章　职场上的聪明人，都懂汇报工作 / 001

汇报工作，是最基本的职场沟通术 / 003

汇报错了，你的职场就只有艰难 / 004

不懂汇报，你的发展得不到提携 / 005

善于汇报，领导才有机会认可你 / 007

推销你自己，从汇报工作开始 / 010

第 2 章　汇报中的“金字塔原理” / 013

“奇妙的数字 7” / 015

自下而上思考，总结概括 / 017

自上而下表达，结论先行 / 019

用“金字塔原理”沟通的好处 / 020

第 3 章　书面汇报的技术 / 023

书面汇报的优点 / 025

书面汇报的写作要点 / 026

撰写工作简报的技巧 / 029
书面汇报的通用技巧 / 033
怎样撰写述职报告 / 038

第 4 章 口头汇报的技术 / 041

口头汇报的特点 / 043
口头汇报的注意事项 / 044
与领导交谈时要使用敬语 / 049
让自己的语言更动听 / 050
改掉不良的说话习惯 / 053
学会倾听，做领导的好听众 / 057

第 5 章 脱稿汇报的技术 / 061

脱稿讲话前进行几次彩排 / 063
脱稿讲话前要理顺表达逻辑 / 066
脱稿讲话中的提纲 / 068

第 6 章 非正式汇报的技术 / 071

与领导谈话的礼貌用语 / 073
与领导交谈时的正确措辞 / 075
容易招致误解的汇报语言 / 077
正确领会上级的弦外之音 / 078

第 7 章　聪明人汇报工作的 7 个习惯 / 083

把汇报工作当成一种习惯 / 085

完成工作后，提交工作总结 / 087

汇报问题时，自己先做思考 / 089

绝不轻易越级汇报 / 091

向上司提建议时，尽量暗示 / 095

永远没有“意见”，只有“建议” / 100

拒绝领导时，不伤领导自尊 / 105

第 8 章　聪明人打拼职场的 11 句口头禅 / 109

“感谢领导的栽培” / 111

“我立刻去办” / 115

“我错了” / 119

“荣誉是大家的” / 123

“道路是曲折的，前途是光明的” / 126

“没什么，别放在心上” / 130

“酒是粮食精，千万要小心” / 132

“这事没你办不成啊” / 137

“你说得太对了” / 141

“我总结一下” / 143

“您的观点确实有独特之处，但是……” / 145

第 9 章　聪明人把汇报工作当成展现的机会 / 149

如何让人感觉你精明能干 / 151

如何给人做事积极的感觉 / 172

如何增加与他人的亲密感 / 182

如何让人感觉你可以信赖 / 197

如何让人觉得你很成功 / 209

第1章

职场上的聪明人，都懂汇报工作

“我做了那么多，为什么领导就是看不见？”

“论业绩，我和他差不多，为什么晋升的人是他而不是我？”

“我工作也很勤奋，却为何成了令领导头疼的员工？”

“我尽心尽力做好每件事，为何得不到下属的支持和上级的认可？”

上述问题的答案其实很简单：你不善于汇报工作！

汇报工作，是最基本的职场沟通术

汇报工作，也叫工作汇报，是指下级向上级反映工作状况的书面材料。

上面这个定义，源自百度百科，可见其流传甚广。不知道这种说法误导了多少人，不知道有多少人深受其害。

首先，汇报工作不一定是书面材料，书面汇报只是汇报的一种类型。汇报可以分为书面汇报和口头汇报；正式汇报和非正式汇报；一对一汇报和一对多汇报，其中一对一汇报也叫单独汇报，一对多汇报也叫当众汇报。

其次，汇报工作不一定是反映工作状况，反映工作状况只是汇报的一种内容。汇报的内容可谓相当丰富，有反映价值观念的，有反映能力态度的，有反映决心意志的，有反映流程规范的等。大家都知道刘备三顾茅庐的故事，当刘备见到诸葛亮后，问其天下大势，诸葛亮做出了“隆中对”。这个著名的“隆中对”就是一次汇报。当时诸葛亮尚未开始为刘备工作，谈不上反映工作状况，而是要趁机表现出自己的才华和见识，赢得刘备的信任和欣赏。

第三，汇报工作不一定是下级向上级汇报。如果按照汇报的对象来分类，汇报可以分为向上汇报、横向汇报和向下汇报。

因此，汇报并不像你所知的那么简单。要想在职场中有效沟通、提升效率，就要在汇报上下功夫，如此才能让你早日成为梦想中的自己。

汇报错了，你的职场就只有艰难

如果不懂得汇报工作，你的职场将步履艰难。这个结论并非出自凡夫俗子，而是美国二战名将詹姆斯·杜立特将军在回忆录中写出的人生教训。

二战初期北非战场的一次作战会议中，盟军总司令艾森豪威尔介绍了即将开始的北非作战计划，他提出首先要夺取机场的方案，随后征求与会者的意见。先是巴顿将军说了自己的看法，然后艾森豪威尔询问杜立特将军的意见。

杜立特说："艾森豪威尔将军，在部队上岸后，先夺取和控制机场。不过，在我们得到油料、食品、炸弹、轰炸机、勤务人员及其他补给之前，夺下机场也没用。"

会后，艾森豪威尔下令，不让詹姆斯·杜立特中将担任美国远征军的空军指挥员。

杜立特在回忆录中对自己的回答追悔终生，他写道："在说话的时候我一直看着艾森豪威尔，看到他的反应我真希望自己是个哑巴，不过已经太晚了。为此，我付出了一年的代价。”

“这些话都对，但我不该这样说，而是应该说：‘艾森豪威尔将军，你是完全正确的。先夺机场，然后想方设法获得补给，守住机场。’”

“提起这件事，我不是鼓励别人当‘好好先生’，而是要特别注意不要说那些暗示上司很愚蠢的话。我讨厌唯唯诺诺的人，但我认为汇报意见和表达观点时要讲究方式方法。”

将军尚且如此，更何况我们普通人呢？

不懂汇报，你的发展得不到提携

丽娟大学毕业后，在一家广告公司担任策划工作，虽然待遇很不错，但是她觉得压力特别大。

广告策划需要独特的创意和题材，所以丽娟大部分时间都在收集素材和思考。刚开始的时候，由于丽娟原来积累了很多新点子，所以开会的时候经常能得到经理的表扬。但是，渐渐地，丽娟感到力不从心了。她觉得自己已经是才思枯竭了，每次开会时都想坐到角落里。经理让大家发言时，丽娟也把头垂得低低的。

丽娟发现自己的状态越来越差，害怕开会，害怕见到经理，甚至一听到桌上的电话铃声就全身起鸡皮疙瘩。丽娟决心从根本上改变这种状况，她说服自己跟经理好好谈一谈。

这一天，丽娟把自己所遇到的问题写在纸上，她怕到时候慌乱之中口齿不清，所以做好底稿。丽娟先跟经理约好了面谈汇报的时间，然后告诉经理自己的困惑。面对丽娟说自己“创意越来越少”的问题时，经理不但没有指责她工作不努力，反而以过来人的经验告诉她：“创意需要灵感和放松的状态，你要把自己的精神放开来，展开充分的想象。”

让丽娟感到受益无穷的，是经理谈到的“用理性的思维来创新”的方法。经理告诉丽娟，一般人认为创意一定出于灵感，所以等待着捕捉灵感。但是事实上，创意也可以通过几大要素的组合来实现。首先是逆向思维。正如“狗咬人不是新闻，人咬狗就是新闻”一样，很多创意就是简单地换个角度思考。其次是把要素分开再重组。比如，把一个强盗和抢钱、捣乱等事情联系起来，那是没有什么吸引力的。但是，如果把这个强盗的形象与布施、救人等联系起来，就有可能产生喜剧效果了。

经过这一次的交流和沟通，丽娟真正感受到了主动汇报的益处。因为经理不仅在工作上指导了她，而且在后来的策划方案中，也边教边提示她。当她主动汇报之前，经理根据她的表现，把她当成一个熟手，认为她自己有很多创新的方法，所以基本上不对她加以指导；当她主动汇报之后，经理知道她有这一方面的要求和需要，就主动帮助她进步。

主动汇报自己的状态，可以让老板进一步了解你的工作内容和优缺点，这样，领导在安排工作时，就会充分地考虑到你的长处和工作特色，让你更好地发挥自己的所长，做出更好的业绩。

主动汇报工作，有利于培养跟领导交流和沟通的习惯。在与领导不断沟通的过程中，可以进一步理解领导对工作的要求，也有利于员工树立起自信心。当员工把与领导交流和沟通作为一种工作习惯时，他的工作效率会不断提高，也会逐渐变得开朗和自信。

主动汇报工作，是自信自强的表现，也可以学到更多的工作技巧。在同领导的交谈与探讨中，员工可以学习许多新的东西。领导对员工遇到的难题，有可能起到“点拨”的作用。而这些难题，如果员工单靠自己摸索，要花更多的时间与精力。

主动汇报工作是一门学问，它并不是有事没事地闲聊和瞎扯，也不是想方设法地走后门、拉关系，它表现在对工作状态的表达，对工作中遇到问题的及时沟通与请教。从某个角度来看，领导就是下属的一技之师，是下属的伯乐。员工是骡子还是马，除了拿出来遛一遛之外，还需要请一个内行来看看，而领导就是这个懂马、相马的内行。

主动汇报工作，可以减少沟通的障碍和环节，可以提高员工的工作效率和执行力，可以让上下级关系更加融洽和谐，员工也就因此有了更多表现和晋升的机会。主动汇报工作，收获也许会超乎你的想象。

善于汇报，领导才有机会认可你

据调查显示，有近1/3的员工的成绩根本就没有引起老板的注意。在这1/3的员工中，有近一半人认为，只要自己努力，老板总有一天会明白。然而，在这些人等待老板赏识的过程中，老板的目光却一次又一次地盯向别的员工，这些员工仍旧坐着冷板凳，蹲在角落里顾影自怜。

罗莎是一家电器公司的销售员。刚参加工作的时候，内向而腼腆的罗莎抱着“凡事都虚心、处处讲谦让”的做人原则，在公司里与老板低调相处。有时，老板在会上让大家汇报工作进度，其他的同事都把问题、对策和功劳摆得一件一件的，说得头头是道。但是，罗莎觉得自己做的事都是职责范围之内，便谦虚地说：“我的工作，离不开大家的帮助和努力，感谢大家。”就这么一句简单的总结，并没有在老板的心里留下深刻的印象。

有一次，老板从外地出差回来，正巧碰上罗莎刚谈完一笔生意。罗莎便开心地告诉老板：“今天真是非常顺利，一上午就谈成了一笔大生意。”老板一听，非常高兴，详细询问了生意的内容和客户的要求，并提醒罗莎要注意哪些细节。

从这一次事情之后，罗莎开始意识到向老板汇报工作的重要性了。她隔三岔五地把自己的工作成果和问题列成表格，交给老板“审阅”。老板看到罗莎的业务不断熟练，而且进步很快，也就对罗莎的工作指导得更频繁了，对她的评价也更高了。不久，老板认为罗莎的能力具有更大的发展空间，就交给了她一些更具挑战性的业务，从而让罗莎的业务能力得到了进一步的提高。

在上述事例中，罗莎因为不善于汇报工作，给自己的工作带来了阻力，被老板认为是平庸之辈，没有多少真才实学。罗莎意识到这一点后，在关键的时候改变了做法，不断向老板汇报业绩。老板看到罗莎的进步，改变了对她的看法，也就重用她了。

在管理规范的公司，会有一套完善的考核和评分制度，每个员工的业绩都通过数字化的形式表现出来。在这样的公司，善于汇报工作仍然非常重要。

孙靓和袁小依都是一家私人企业的柜台销售员，主要负责电子产品的销售。袁小依是先来的公司，对业务比较熟悉，在笔记本电脑柜台。孙靓是新来的，没有柜台挑选，只好站在卖小电器的柜台前。她的小柜台中也有市面上热销的智能手环、U盘等。

老板对工资的分配是按照利润来提成的，所以销售都以业绩评分表的形式体现。业绩的评分值与她们的工资直接相关。评分表上明确地记录着每天销售的数量、销售价与原价的差额、可提成的奖金，一目了然，能力也摆在评分值上。

刚到柜台的时候，孙靓积极性特别高，不但嘴甜，而且还拉来自己的同学、亲戚和朋友一起来买。她感觉自己的销售数量不断增长，然而，过了近10天之后，她去查了一下评分排名，却发现自己远远落后于袁小依。这一下，孙靓的自尊心强烈地受创了。

“难道是我的业务做得不如她吗？还是我做得不够努力？”孙靓经过仔细分析，觉得并不是自己做得不够努力，而是因为自己所做的工作难度比袁小依大。袁小依做的是笔记本生意，一宗生意谈下来，利润的上下浮动率很大，有时候一台就能把差价做到近一千元。而孙靓成交的都是小产品，这些产品本身的利润就不大，所以卖好几台，利润差价也只有几百元。这样下来，虽然孙靓的柜台天天卖得红红火火，袁小依的柜台三天两头才成交一次，但孙靓的评分值还是远远落后于袁小依。

处于这种劣势，孙靓想着要与老板沟通一下。她想，如果老板单看评分值来考核我的能力，肯定会觉得我的销售能力不强，所以要及时向老板汇报一下自己的成绩，不能就这样因为数字而错过了机会。

这一天，孙靓又卖了10件产品。老板正好进来问生意怎么样，孙靓便说："我最近推荐了很多朋友和同学来买，销量不错，今天就销售了10件。"老板一听销量好，就高兴地说："不错，再接再厉。"孙靓看到老板对自己的销售量表示认同，就接着说："只是这个产品的利润率比较低，所以评分总是赶不上去。"老板想了想，觉得孙靓的成绩不能单独看评分排名，就说："嗯，评分标准只是评定能力的一部分，只要成绩突出，我心里还是有数的。"至此，孙靓悬着的心总算落了下来。

孙靓因为在工作中业绩评分跟不上同事而非常苦恼。经过分析之后，她先通过"数量上的多"打动老板，然后再婉转地指出自己达不到高评分的原因。孙靓在汇报成绩时强调了数量，巧妙地向老板说明了工作的难度，老板对她的努力也给予了肯定。

推销你自己，从汇报工作开始

乔·吉拉德被称为世界上最伟大的推销员，他创造了世界上个人销售汽车最多的吉尼斯纪录。

“你卖的商品怎么可能都是世界第一的产品？”曾经有人这样问乔·吉拉德。

他回答说：“每个人都是独一无二的，世界上没有另一个我或一个你。所有顶尖推销员都不是在卖产品，他们是在推销自己。”

乔·吉拉德非常善于推销自己。他的办公室里，除挂满了那些因业绩优良得来的奖牌和奖状外，还有刊登在报纸杂志上的受访画面，以及与大人物的合照等。当客户看到这些时，很快就会了解到乔·吉拉德是一名非常优秀的推销员。

先不要急于推销产品，要先推销自己。当你把自己推销出去的时候，客户自然会购买你的产品。

在职场上也是如此，你要想赢得上级的信任、下级的信服、同级的支持、客户的合作，就要让大家首先接受你这个人，也就是说，你要能把自己推销给所有人。

推销你自己，从汇报工作开始，是一个不错的建议。

把汇报工作与推销自己结合起来，这就意味着：（1）你要充分认识到汇报工作的重要性；（2）要把每一次表达自己观点的场合，都当成展现自己才干和思想的机会；（3）平时做好每一项工作，做工作中的有心人，多看多记多思考，实干苦干加巧干，这样才能在机会降临的时刻，一开口就能让人喜欢你，一张嘴就能把话说到点子上。

第2章

汇报中的“金字塔原理”

在汇报工作时，人们常常觉得不知从何说起，或者让对方感到混乱不清。

如何在汇报中做到“逻辑清晰、条理分明”呢？美国麦肯锡的咨询顾问芭芭拉·明托写了一本《金字塔原理》，提出了解决这一问题的有效方法。之后，作者离开了麦肯锡，开始向各行各业的人培训“金字塔原理”，受到广泛的欢迎和好评。当前，“金字塔原理”已经成为非常重要的一种沟通工具，被誉为“麦肯锡40年经典培训课程”。

“奇妙的数字 7”

心理学家发现人的短期记忆无法一次性容纳7个以上的记忆项目，超出后，人的大脑会面临信息超载，有的人勉强可以记住9个，有的人却只能记住5个，而3个更好，1个最佳。这一现象被称为“奇妙的数字7”。

在生活和工作中，我们却常常不得不处理很多个信息，他们都超过“奇妙的数字7”。

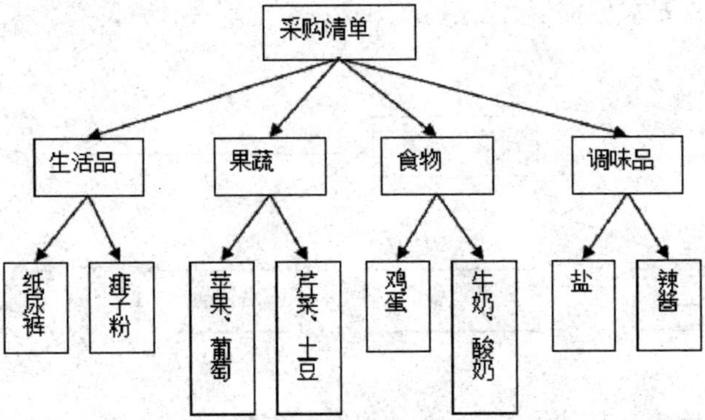

例如，你打电话让老公在回家的路上去超市采购以下东西：鸡蛋、盐、土豆、牛奶、婴儿纸尿裤、痱子粉、苹果、芹菜、葡

萄、辣酱、酸奶。最后的结果很可能是：你发现还有东西忘记让老公买了，或者老公回家后，发现少买了某些东西。

以上这些信息，可以归类分组后，组织成一个金字塔结构。由于你通过一定的逻辑关系，将信息归类后形成了一个金字塔结构，因此每一层的信息数量都大为下降了。

再举一个例子。

你在办公室，忽然你的下属冲进来，对你说："老板，我最近在留意原材料的价格，发现很多钢材涨价了，包装纸也要涨价……刚才物流公司也打电话来说要提价，我又比较了其他几家的价格，但是还是没有办法说服他不涨价……还有，我们的竞争品牌最近也涨价了，我看到……对了，广告费最近花销也比较快，如果……可能……"

你听完是不是一头雾水？听了半天你还不知道他究竟要说什么，或者要求你提供什么帮助，或者希望解决什么问题。

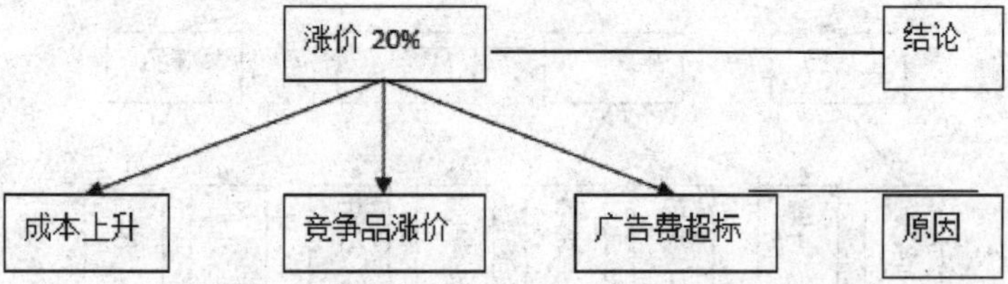

如果他这样说："老板，我认为我们的牌子应该涨价20%，而且要超过竞争品牌，原因是这样的：第一，原材料价格最近都涨了30%，物流成本也上涨了；第二，竞争品牌全部调价

10%~20%，我们应该跟进；第三，广告费超标，我们还应该留出空间，可以做广告……老板，你觉得这个建议是否可行？”

这样是不是更清楚？这就是在使用“金字塔结构”。

自下而上思考，总结概括

当你要表达你的想法时，你是否面临过一言难尽、不知从何说起的困境？

比如，当你面试的时候，面试官要求你介绍一下你自己；当你负责的区域销售额下滑的时候，你的主管要求你解释原因。类似的情况下，你怎样思路清晰地表达你的内心世界呢？

以面试为例，你可以把你的特点先罗列出来：

（1）受过高等教育，毕业于某名牌大学。

（2）在校成绩优秀。

（3）有与面试工作相关的资格证书。

（4）没有与求职岗位相关的工作经验。

（5）善于学习新知识。

（6）学生干部的经历。

（7）热爱类似岗位的工作。

（8）精力充沛。

（9）热情开朗。

（10）相信勤能补拙。

分析以上特点之间的逻辑关系，不断地进行抽象和概括。你会发现，你有很多项优点，但是只有一项缺点是面试官清楚的。而你的某些优点恰好能弥补你的缺点……

最后，你可能总结出以下的金字塔结构：

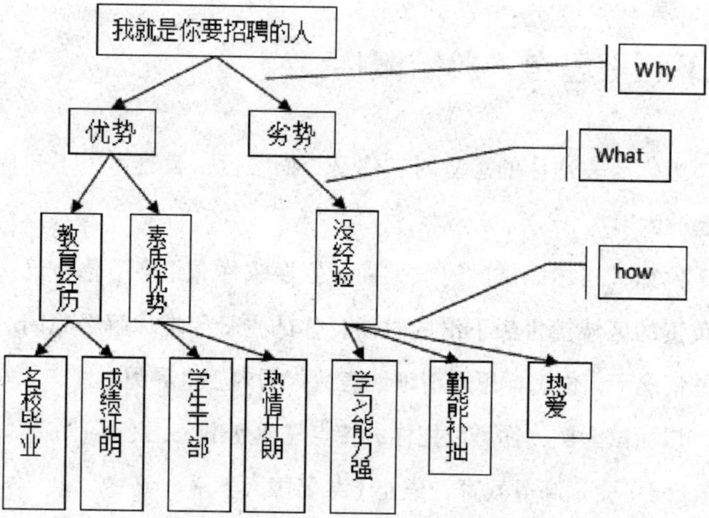

如果你在面试之前，对自己做过这样的思考，就不会感到不知从何说起了。而且当你逻辑清晰、条理分明地做完陈述后，也许马上就能让面试官眼前一亮。

芭芭拉·明托归纳了自下而上思考的要点，有三个：

（1）列出你想表达的所有思想要点。

（2）找出各要点之间的逻辑关系。

（3）得出结论。

自上而下表达，结论先行

在表达之前，你的思路是自下而上组织出来的，但在表达的时候，你却需要自上而下进行，这是一个重要的顺序。

如果你自下而上地表达，有两个风险，第一是容易被打断，第二是对方无法理解你的意图。

例如你陈述：

（1）要处理天猫店的日常业务，我需要每天加班才能完成。

（2）一些需要及时处理的事情被耽误了。

（3）当我参加公司会议的时候，天猫店的客服就没人做了。

（4）天猫店的页面美化需要专门的美编才能胜任。

（5）天猫店的业务在持续增长中。

（6）客户体验好的话，客户购买行为的转化率才能提高。

（7）我需要增加一个助理。

（8）我的助理需要懂平面设计。

（9）我的助理需要了解天猫店的业务。

……

你的主管在听你的陈述的过程中，你每陈述一条，都会刺激他的大脑做出一个反应，例如听完第一条，会想“你是不是想要更多的加班费”，听完第二条，会想“被耽误的事情造成了多大的损失”。他可能因为这些想法而立即打断你的陈述，或者先入为主地猜测你的想法，这都会影响到主管对你真实、完整意图的理解。

要让别人尽快理解你的想法，要先建立金字塔结构，然后按照自上而下的顺序表达。

先说：“我需要增加一个助理”。

然后分析原因，一方面是因为工作量快速膨胀：（1）要处理天猫店的日常业务，我需要每天加班才能完成；（2）一些需要及时处理的事情被耽误了；（3）当我参加公司会议的时候，天猫店的客服就没人做了；（4）天猫店的业务在持续增长中。

另一方面是因为：（1）客户体验好的话，客户购买行为的转化率才能提高；（2）公司天猫店的页面美化需要专门的美编才能胜任。

接着分析增加一个助理的好处：（1）可以兼做客服；（2）可以优化网页；（3）可以改善客户体验；（4）可以节约加班费；（5）工作得到及时解决。

再提出助理的任职资格：（1）了解天猫店业务；（2）懂平面设计。

用“金字塔原理”沟通的好处

“自下而上思考，自上而下表达”，金字塔原理的精髓就在这十二个字当中。

运用金字塔原理，在沟通中的直接好处是让人能够迅速明白你的意图。

在上面这个例子中，也许主管听你讲了一分钟，就对你说：“我完全支持你的要求，天猫店很重要，尽快去招聘一个称职的助理吧！”

在沟通中有一个“电梯原则”，出自《麦肯锡观点》。

假设你是某个咨询公司的经理，为了一个重要的项目你们团队日夜工作了3个月，准备了厚达300页的报告，包括7个建议36个改进措施以及8套详细的实施方案。为了证明这些结论，你们还准备了5本数据分析和调研报告的附录，当然还有几箩筐的原始资料。客户对提案也非常重视，安排了公司所有高管出席，并请到了CEO以及董事会的主要成员。你们当然更加兴奋，同时还将报告彩色打印，并刻录了光盘以便分发给与会者。提案的前一天晚上你们团队再次检查了所有文字以及拼写以确认无误，然后提早睡觉以便保证精力。提案当天你们神采奕奕，准时到达客户会议室，做好一切准备工作。CEO和高管们也已经落座，他们将目光投向你，期待着你精彩的报告，你也清清嗓子，开口说：“女士们，先生们，尊敬的CEO先生，今天我们……”

突然董事会秘书匆匆走进办公室，对CEO耳语几句，他对你点头表示歉意后离开会议室，5分钟后他们回来，说道：“非常抱歉，今天的报告不得不终止，因为我们有个非常紧急的事情，我必须马上飞去纽约。”

在你们无奈的眼神中，他们匆忙离开。然而就在CEO冲进电梯的那一刻，“等等”，他挡住电梯门，对你招手，“能否利用我到停车场的时间，说说你们报告的主要内容？”就这10多秒钟？你必须说出报告的主要观点？还要争取他的认可和支持？你感觉血一下子冲上脑门，然而，没有第二次机会了，马上冲进电梯，门一关上，你就转过身对着这一群人说：“我们认为……”

这就叫作“电梯原则”。

你能够用一句话浓缩你的年度营销报告吗？你能够用一段话说明你品牌的定位以及发展方向吗？你能够在三分钟内说明当前销量下滑的主要原因，并提出三个解决方案，然后让老板做出决定吗……这都是“电梯原则”——简单清楚地说明你的观点。如果你三句话说不清楚，那么你一下午也说不清楚。

要实现电梯原则，运用金字塔结构就会很有效，也会很简单。自上而下地表达，先从结论说起，先说中心思想，然后再向前推演。如此，可以用最短的时间让人理解你。

第3章

书面汇报的技术

书面汇报是借助书面文字来与外界沟通的方式。述职报告、工作总结、项目进度、方案建议与计划等都需要用到书面汇报的技术。

书面汇报的优点

（1）“写作”给予了充分的思考时间。汇报人可以在经过认真思考之后，把想要表达的写下来，边写边想，边写边改，在初稿完成之后，再重新审阅，修改调整，甚至可以放置一段较长的时间后再拿出来修改，这样容易发现一些隐藏的错误，使最终的汇报材料正确、完整、清晰。

（2）书面汇报方式可以实现多向信息传递，比如一个项目进度的汇报材料写成之后，可以复制几份、几十份，甚至几百份发送到相关单位和个人手中。

（3）书面汇报方式对外部条件的要求很少，在互联网时代，汇报材料的传递更是方便快捷，能接发邮件就行。

（4）书面汇报的结果是书面文字，可以较好地记录当初的沟通情况，并能较容易地保存下来，它的失真相对较小，因而它容易发展成为正式的文件，甚至具有法律效力。其他的汇报方式比如直接交谈、会议等，很难记录当初的真实情境，即使是先进的录像，也只是一个局部画面。

书面汇报的写作要点

完成书面汇报，是一个写作的过程。对于写作中要把握的一些基本原则，国外专家总结了所谓的“ABC”原则：即准确（Accurate）、简洁（Brief）、清晰（Clear）。

另外，也有专家总结了4C的写作原则：即正确（Correct）、清晰（Clear）、完整（Complete）、简洁（Concise）。

以下从书面汇报的角度，对4C原则做一简单的分析。

1.正确（Correct）。

“正确”是写作的首要原则，也就是说，写出的汇报材料要真实可靠，观点要正确无误，语言要恰如其分。尤其是对汇报主旨的把握，在写作前一定要下一番功夫，明了写作的意图，正确地表达想要汇报的信息，从而实现有效沟通。

文章的正确性还取决于表述上的准确性，而这又由诸多因素来决定。

（1）表述方式上，要符合文章样式的需要，如叙述要用事实概括，说明要直接提出要求，界限明确，是非分明，议论要直接表明观点。

（2）文字表达上，要概念明确，判断恰当，推理合乎逻辑。如使用概念要明确其内涵和外延，使用简缩语要坚持约定俗成的原则，判断要性质明确、恰如其分，推理要符合事物内部的固有规律，避免牵强与武断。

（3）文字书写上要符合一定的标准，如由左及右横排书写，简化字要符合规范，不随便自造，使用数字要规范，正确使用标点符号。

（4）避免使用抽象词语。如“一些职员脸上在项目前和项目后都显现出高度不悦的表情”，这句话根本没有表达出职员们的心态，让人不知所云，应改为“一些职员在项目前和项目后都显得不大高兴”。

（5）避免逻辑结构混乱。如“我估计要下雨了，然而尚未见乌云聚集，所以我要带把雨伞”。这句话逻辑结构混乱，不符合惯例，应改为“虽然乌云还未见聚集，但我估计要下雨，所以我要带把雨伞”。

（6）正确使用数据和图表等。正确地使用数据，包括数据本身、标点符号、数据的时间期限、数据的修正系数及方法、数据的对比等。

写作“不正确”，是一个通病，表现在观点不正确，逻辑混乱，或没能用适当的语言文字来表达，有时候甚至连自己也不知道要表达什么，这都使得沟通变得很困难。

2.清晰（Clear）。

在正确表达的基础上，应该力求清晰，清晰的文章能引起读者的兴趣，更能使读者正确领会汇报的含义。要做到清晰，除了上面提到的选用符合文章内容的样式之外，还应该注意文章的整体布置，包括标题、大小写、字体、页边距等，尤其是要留下适当的空白，若是把所有的文字都挤在一起，则很难阅读；如果是手写，则不能太潦草，否则不仅影响读者的阅读，甚至还会影响到文章的正确性。

具体来说，要做到汇报材料清楚、明晰，应具体从以下几个方面入手：

（1）语法正确、标点符号正确；

（2）格式符合惯例且遵循本公司固定模式；

（3）句子流畅、连贯，过渡自然，尽量使用短句、简单句；

（4）充分考虑读者理解能力，不能过于专业化；

（5）主题要集中，目的要明确；

（6）每段开始应有主题句，且每段只表达一个意思。

3. 完整（Complete）。

写作的一大优势就是使我们有充分的时间思考问题，完整地表达想要表达的思想、观点，完整地描述事实。“完整”是写作的一个要则。在打电话或是当面交谈时，常常会遗漏很多想要交流的事项，这是由这些沟通方式的特点决定的。在写作时，为了完整地表述，应该反复检查思考，不断增补重要的事项。

4. 简洁（Concise）。

“简洁”似乎与“完整”是一对矛盾，这其实是一个“度”的把握问题，“完整”是为了表达想要沟通的重要方面，但并不意味着要把所有的事实、观点罗列纸上。可以通过排序的方法，把不太重要的事项删除，也可以对每一字进行评估，把琐碎的、没有太大价值的文字精简掉，使得汇报材料言简意赅。

具体来说可以从以下几个方面入手：

（1）避免赘词：比如用“因为”而不用“由于某种原因”；用“一直”而不用“在所有的时间里”等；

（2）杜绝重复：比如用“经验”而不用“实际的经验”；用“事实”而不用“其实的事实”等；

（3）用常见词语而不用短语：比如用“一些”而不用“一定数量的”；用“如果”而不用“依据是否”等。

撰写工作简报的技巧

简报是一种比较常见的汇报方式，但它又是一种比较特殊的文体，它既不属于公文里的上行文，不能用它向上级请示问题，又不属于公文里的下行文，不能用它向下级发指示，可是它的使用却极为广泛。

简报可以分为思想动态简报、工作情况简报和会议摘要简报三大类。

简报的格式犹如小报，也是由报头、报核、报尾三部分组成。

1. 报头部分。

中心是“简报名称”，位置居中，用大号字体，有直接标作“简报”的，也有标作“动态”“简讯”“情况反映”“工作通讯”“内部参考”的。期数在标题的正下方，属增刊的单独编期，有的在标上“第×期”后还要注上刊出的总期数，下用一横线隔开。

2. 报核部分。

首先是标题，写法与消息标题相似，要求简括正文内容。然后是正文，正文前后无须再加收、发机关与发文日期，但在正文结束后要在右下角把供稿者括注出来，下面同样用横线隔开。

3. 报尾部分。

在左端先注明发送范围，一方面以此表明收文者，一方面作为机密程度的补充说明。在右端写上共印份数备查。

成功的简报要在一开始就能吸引住听众或读者的注意力，并保持这种注意力，直至结束前都使他们保持热情与关注。

1.在前言中强调利益。

每个人都关心自己的切身利益，如果你能使他们确信，你的简报与此相关，那么就能自然地获得他们对简报内容的关注。

人们有过这样的经验：在自己发言时，突然有人站起来打断说：“对不起，××先生，我们为什么要听你的简报呢？我们可以从中获得什么呢？”消除这种可能性的方法，就是不要等别人去问这些问题，而是在简报一开始的时候就先回答这些问题。

简报内容给每个读者的利益可能是一般性的，例如较高的盈利或较低的成本——在这份简报中的多种提案可以帮助我们每年节约52 000美元，并且增加我们的红利。也可能是与读者切身相关的事，例如“经济危机下的裁员方案，将以下列几种方式深深地影响我们每一个人”。

2.呈现线索和重点。

在简报中每个段落的开始，可以用25个以内的字陈述这一段落所要表达的重点。例如“下一个要说的重点是……”，或是“简报的第三个重点是……”这样可以让你的读者或听众有个清楚的概念：这个简报目前进行到哪里了。

3.使用例子、数字等确切的素材。

列出确切的论据、例子、统计数字、故事以及类似事物等任何可以支持论点的素材。在举出论据之前，可以用这样的句子开始：“让我给你们几个例子。”“这里有几个统计数字，或许你会感兴趣的。”

请比较下面两段简报文字：

“我们行业的主要竞争对手，都非常重视互联网销售渠道的开发，弥补了地面实体店面销售的下滑。”

“我们行业的主要竞争对手A企业，重视互联网销售渠道的开发，在天猫商城、京东商城开设了自营旗舰店，年销售额估计不少于5 000万元，这一数额可以弥补其实体店面销售的下滑额。”

很明显，第二段话，更有吸引力、说服力和可信度。

4.综合和结论。

将你的主要论点再陈述一遍，这样读者、听众才知道你将确切的举证转化为一般性结论。你可以这样总结你的论点：“我将综合这些论点……”，或“结论是……”，用这样的陈述应用于结尾。

5.引导和转接。

用下面的句子将读者或听众从一个主题引向下一个重点：

“现在我们来讨论下一个主题”，或是“让我们接着……”。

6.以积极的方式结束简报。

结语对简报非常重要，要在简报结束时建立积极的、建立团体精神的感受，可以考虑采取下面的方式：

（1）挑战、困难与努力。告诉读者你所提出的想法不是那么容易进行的，但无论如何请他们勇敢地接受这一挑战。

（2）积极。尽可能表达出诚意与信心，表示自己愿意接受挑战，然后预期可实现的成功。

（3）未来。谈及将要来临的时光，你甚至可以用“未来”这个词预期更光明的日子。

（4）人称代名词。让你的简报更感性化。使用“我”——当你提到承诺或抱负时，告诉他们你的感受是什么。用“你”——当提及你的读者时可以这样用。更进一步，用“我们”表示你与他们是同一群体的，以此可以增进认同感。

（5）用上升的语气结束简报。让你的简报在上升的语气中结束，而不是下降的语气。比较下面两种结语：

第一，让我们期待一个更光明的未来，而且避免犯下过去所犯的错误。

第二，我们将避免过去所犯的错误，并且期待一个更光明的未来。

显然，第二种结束方式更有鼓动性。因此，应该在积极气氛中结束简报，尽量避免下降语气。

书面汇报的通用技巧

请示、建议、报告、述职、总结、通告、意见等，都可能需要书面汇报。在此，我们对这些方面的技巧做一个概括性的陈述。

1. 明确汇报材料的写作意图。

写作汇报材料时，应清楚明了地确定材料是为何目的而创作的。是为了通知材料阅读人什么事，还是要他按材料的记录或决定去行动？汇报材料的意图必须在进行写作的准备工作中确定，并得到理解贯彻，还要能用一个简短的句子表达出来。

比如，一封信的意图就可以这样表述：“记录2017年2月9日我对施先生的行动的不同意见。”或者：“表明2017年2月9日我与施先生意见不同的原因。”

2. 确认所需资料。

根据汇报材料的写作意图，把所拥有的资料进行分类。在收集整理必要的信息资料时，必须保证遵循以下原则：

（1）只收集有关的、准确的信息资料；

（2）将客观事实与主观意见、推论相分离。

3. 把最重要的内容放在开头及结尾。

越是高层的领导，每天越会有大量的文件和汇报材料，他们通常是很难通篇阅读每一份文件的，而只注意一下文件的开头与结尾。所以不要想当然地认为你的材料会按照你所安排段落的顺序被阅读，应该将那些一定要被看到的信息放在开头与结尾的显眼位置，而把次要的细节放在中间的段落。

在材料结构的组织上，可以按下面的安排进行：

（1）在“呈——发自——日期”开头部分，再加上完整的主题叙述；

（2）将简洁易懂的结论写在第一段或最后一段；

（3）将行动要求——你希望读者所做的事，写在最后一段或第一段；

（4）为方便阅读，可以在文件每个段落前加上标题；

（5）为读者留出地方写反馈意见。

4.保持写作的连续性。

在进入具体的写作过程之后，要注意保持写作的连续性，不要为了某个局部的修饰和调整而中断或放慢整个写作的过程。因为思路被打断后，某些重要的创意可能会被遗忘。

可以用下面的办法来保证写作的连续性：

（1）以大纲为写作的指导，当然，题旨有重大变化时，应立即修改大纲；

（2）避免在写作时做修改的工作，在写作的过程中尽量一气呵成，以免思路被打断；

（3）如果发现有语法错误、错别字或句式表达不够理想，只要在相应的位置做上标记、留下修改的空格就可以了，不要马上进行修改；

（4）如果是手写，不妨留下较大的修改空间；

（5）如果是使用电脑来写，可以将字号放大，这样既便于写作，又不会因为屏幕上显示过多已写完的内容而导致分心。

总之，要尽情地写，然后再修改。

5.如何修改汇报材料。

写完的汇报材料只是一件“半成品”，还需要进行修改才可能在文字表达方面趋于完善，从而成为一件完整的作品。只有内容和形式都达到一定水准的汇报材料，才有可能实现良好的沟通效果。可以遵循大——中——小修改法，具体方法如下：

（1）大改。快速通读全文，寻找大的因素，如主要的内容以及组织结构。从全局的观点审视文章，它是不是很难阅读？或仅是一堆文字？如果文章看起来很难阅读，或许，它就根本不应该现在就被人读，那么，毫不犹豫地进行大改。

（2）中改。迅速看看文章是不是保持了简单、清楚与精确的特性。问问自己，读者是不是需要知道所写的每一件事情？能不能删除某些段落或部分内容？句式表达是不是可以更简单些？所提出的问题或策略是否清楚？

（3）小改。寻找文章细节方面的问题，如语法、错别字或标点符号。把这样细节性的工作留在最后，可能避免做许多无用功。

6.标题的调整。

优秀的汇报材料及沟通性文件，其标题应该是完整而清楚的。然而，表达不清楚、内容不完整的标题却随处可见。例如，

“管理会议”是一个常见的标题。这个标题就存在很多问题：它邀请谁去参加这个会议？是提供会议议程的信息，还是提出准备会议的意见？是要求重新安排会议，还是提供背景资料？从标题上丝毫没有反映出来，必须看了内容才会知道。也就是说，这样的标题是不完整的。

标题的设定应按照这样的原则：标题=目的+主题。如上面例子中，“要求取消下次的管理会议”，这样的标题就是完整、清楚的。因为它既表明了文件的目的（要求取消），又说明了主题（下次的管理会议）。

标题中的“目的”可以以多种用词出现：更新、建议、大纲、时间安排、提案等。而“主题”则可以是企业经营中所涉及的各项事务。

7.利用小标题方便阅读。

汇报材料应以方便读者阅读为基本准则，而使用小标题则是方便阅读的最有效手段，具体的好处有：

（1）便于浏览。读者可以很快找出重点。

（2）便于选择性阅读。读者可以通过小标题找出文件中最感兴趣的部分，并选择阅读的优先顺序。

（3）方便不同层次读者选择。文件可以通过小标题给不同专业背景的读者以指导。如科技人员可以找到标有“科技信息”的部分，而财务人员则可找到“成本利润分析”部分。

（4）留出空间。小标题可使文件中出现更多的空间，使文件不再是一堆文字，从而为读者留出阅读中喘息和评价的空间。

（5）方便重复阅读。小标题可以使读者在一段时间后再次阅读文件时，还能很快地把握重点。

8.修改汇报材料的基本原则。

（1）避免过多、过滥的信息。读者不一定需要知道所有的事，他们只需知道需要知道的事，删除那些他们不需要知道的事。

（2）清楚地表达信息，而非夸张地为吸引他人注意而写作。夸大其词的汇报材料只能让那些忙碌的阅读人放弃阅读的意愿。

（3）简单简洁，避免复杂的表达。尽量使用一些简单、有力的句子，而不是那些冗长、令人费解的句子。有时候，一些专业用语是必要的，但是永远要记住，尽量使用简单的词。

（4）使用人称代词。“我们建议你采用这一办法”这样的句子，在表达上比“关于这件事的建议，是应该采用这一办法”这样的句子更有效。人称代词可使句子变得简单，而且给人一种亲切感。

（5）旁观者清。即使是自己反复写的文章，有时也很难发现其不当之处，因为文章中所要表达的内容都是你所熟知的。所以，对汇报材料的写作者而言，最好的建议往往来自于同事的评语。

例如，你在写“述职报告”“改进意见”之类的书面汇报材料时，你可以选择你非常熟悉的、对相关问题有一定研究的朋友或你同级的同事来看你的文章。他们可以帮你发现文章结构、视觉效果、精确性或技术性细节等任何方面的写作盲点。认真听取

“旁观者”的意见，以确保你所写的汇报材料能起到你所希望的沟通效果。

怎样撰写述职报告

述职报告是向上级和群众汇报自己职责完成情况的一种文字材料。述职报告写得怎样，不仅能在一定程度上反映出述职者的综合概括能力、逻辑思维能力、文字和口头表达能力以及个性特点，而且还直接影响上级领导和群众对述职者工作情况的了解和掌握。因此，职场中人都要认真写好自己的述职报告。

有些人工作没少干，述职报告写得也不短，可是人们听来听去，就是理不出个头绪来，很难通过述职报告对他的工作有全面了解和认识。其中，关键的原因是述职报告写得不得要领。那么，怎样才能写好自己的述职报告呢?

首先，要简明扼要地说明自己的岗位职责和工作目标，把自己的职责分清楚。也就是说应该先把自己在这个岗位上应该干些什么说清楚。

其次，在叙述自己工作的成绩时，一定要处理好两个关系：一是个人的作用与班子整体效能的关系。现在述职报告的一个通病，就是把个人的述职报告写成了单位的工作总结。有的述职者在述职时，竟然不用“我”这个第一人称，而通篇讲的是“我们”如何如何，看不出他自己任职以来干了些什么，在自己主管的工作中起了多大的作用。这样写是不行的，应该把个人的作用和整个领导机构的作用区分开。述职报告主要是要写清楚你个人所做的工作，所发挥的作用，所取得的成绩。二是个人的成绩与所分管部门整体成绩的关系。这要实事求是，是一说一，是二说二，既不要把下属的成绩揽到自己身上，也不要把自己的成绩推给下属。谈下属的成绩，主要谈和自己有关系的，要说明自己在其中发挥了什么作用。

再次，述职报告一定要述职者自己亲自写。现在述职报告让人代笔的现象还不少，这是很多述职报告不成功的一个重要原因。因为，自己干的工作自己最清楚，体会最深，写出来的东西就比较生动、实在、可信。而委托他人代笔，最容易犯概念化、数字化的毛病，最容易把个人的述职报告写成单位、部门的工作总结。据了解，凡是上级领导和群众评价比较好的述职报告，多是出于述职人自己之手。

最后，要实事求是地陈述自己所做的主要工作，恰如其分地评价自己的成绩和不足。讲成绩时不要不好意思，也不要打折扣。对自己所做的主要工作，要有主有次，有点有面，有具体事例，有数字说明。述职报告千万不能记“流水账”，泛泛地叙述每一项工作的具体细节，或大量地罗列数字。那样，会使人感到烦琐和枯燥无味，抓不住你工作的主要内容。同时，对自己在领导工作中，出了哪些好的主意，采取了哪些有力的措施，收效怎样，有没有大的失误，自己应该承担多大责任等情况，也都要写清楚。

第4章

口头汇报的技术

与书面汇报相对应的，是口头汇报，这是一种比书面汇报更为常用的汇报方式。

口头汇报的特点

1. 口头汇报是双向的沟通，汇报与倾听同时进行。

口头汇报时，你在说，对方在听。如果对方听到感兴趣的内容，就会提问和发表感想，这时就变成了对方在说，你在听。这种“你一言我一语”的情形，就是口头汇报不同于书面汇报的特点，它经常被打断，也可能说着说着就跑题了。而且，如果你不掌握倾听的技巧，往往也听不出对方心中所想，而导致汇报的内容无法打动对方。

2. 口头汇报要求现场的思考和反应。

书面汇报有完整的思考、表达、斟酌、修改过程，而口头汇报往往要求现场回答问题、说明情况，这就要求汇报人有现场的思考和反应能力。这些能力可以通过学习和体会来培养。

3. 口头汇报对口才的要求高。

巧舌如簧、口吐莲花、舌战群儒……这些词语都是对好口才的赞美。汇报工作的成败，虽然不完全取决于口才的好坏，但是如果口才不好，那么“口头汇报”这方面的效果肯定是大受影响。口才不好的人，除了要提高自己的口才之外，应该发挥自己在其他方面的特长——例如写作特长，这样才能去做好汇报工作。

4. 口头汇报时，身体语言的沟通也在同时进行。

人在说话的时候，体态、动作、表情、语气、情绪等也会参与其中，并被对方当成信息的一部分加以接收，这就是身体语言的沟通。同样一句话，微笑着说、平静地说、快速地说、低着头说、昂着头说，其效果都是大不相同的。因此，沟通学中有一句名言："你说什么并不重要，重要的是你是怎样说的。"

5. 口头汇报随时随地可以发生。

你与领导在走廊偶遇，打完招呼后，领导问你："你们部门上个月的销售额下降了，是什么原因？"或者领导问你："咱们办公室新来的助理，对你们的支持给力吗？"或者说："小王，你好像来公司好几年了啊！"

一次偶遇的闲谈，你若是随便应付一下，也就应付过去了。而你若是了解到这些看上去随便的谈话，其实是汇报工作的机会，那你的人生就平添了诸多进步的可能。

口头汇报的注意事项

在向领导口头汇报工作时，也是双方面对面交往的过程，应具备良好的心理素质、掌握言谈举止的分寸、具备一定的学识，以及展现个人的礼貌修养。不要让领导觉得你举止马虎随便，应当通过汇报过程中的一些细节，如实反映你的才干与素养，从而使领导更加认同你、重视你、任用你。

在此，概括性地提出口头汇报的几个注意事项。

1.用好肢体语言，展现个人修养。

周琴是个性格活泼开朗的女孩，在单位当业务员。有一次向老总汇报工作，她像往日说话一样，口气随便，时常大笑，并且坐姿不正，跷着二郎腿，鞋子还晃来晃去的，这令老总很不快，觉得她举止轻浮。她的另一个同事祝超，说话也有个坏习惯，喜欢和人靠得很近，唾沫星子乱飞，像说秘密事似的，并且手势夸张，这令对方觉得他不够沉稳。

肢体语言关系到个人的风度气质，体现着个人修养。不良的动作习惯容易令对方反感，应当尽力改正。不要以为坐在领导面前时你就能克制自己，最好的办法是时时提醒自己，从日常小细节做起，培养良好的肢体语言习惯。

在异性领导面前，更应注意自己的肢体语言。女性下属见男性领导时，着装应端庄大方，在举止、笑容、眼神等方面不要给对方造成什么暧昧的暗示，如用过浓的香水、含情脉脉等，会让对方觉得你不能胜任工作，而只会“媚术”。男性下属见女性领导，则应尊重对方，不能流露轻视的态度，身体语言也不能轻佻放肆。而无论是对男性领导还是对女性领导，应采取的共同的交际应对准则是：尊重但不要献媚。点头哈腰、一个劲儿忙着奉茶点烟的奉承之态是为真正有能力的领导所小看的。

2.注意对领导察言观色。

在与领导谈话时，要懂得察言观色，当然这并非是一种“讨好术”，而是作为聪明下属的知趣与明智。不要光顾着自己侃侃而谈，要懂得留时间给对方说。如果领导面色不悦，或沉默不语，那就要想想是不是自己的言辞激烈了，能否换种委婉的措辞方式；如果领导抬手看表，那你不妨征询一下对方是否需要改约时间。

谈话过程中，不要擅自打断领导的话，应耐心听对方说完，再发表自己的意见。插话也不宜过多，应尽量简明扼要。如果中途领导接听电话，从声调、语气中你应及时判断是否要回避，如需要可暂时出去一下。

和领导持不同意见时，别急着争辩，应整理好思路，有条不紊地说。否则，会让领导认为你对他意见很大。在碰到领导情绪激动时，你不必硬顶，免得发生更大的争执，应等到对方情绪稍平和时再表明意见。

3.在上级面前一定要谦虚。

在中国的文化传统中，谦虚一直被认为是一种美德。这在上下级关系方面表现得就更为明显。下属在初次走入职场时，一定要表现出低姿态，强调自己的不足和学习的必要，这种谦虚的态度会给领导留下非常好的“第一印象”。在领导者们看来，谦虚就是对领导的尊重，谦虚才能取得进步，谦虚的年轻人是明智而值得培养的人。

实质上，谦虚只是一种姿态，它并不能使一个人的才能增一分或减一分，它更具有心理上的含义，即你是否同意接受和服从领导的权威。表示谦虚即是同意，这自然会让领导感到心满意足。

4.不要带着负面情绪见领导。

朱清分配到新单位两个月了，领导第一次找他谈话，应该说这次谈话关系到领导对他的直接印象，不可忽视。朱清也明白这点，但恰巧头天晚上女友和他大吵了一架，并且坚决说分手。朱清一晚没睡，第二天情绪很低落，他也没调整下情绪，就进了老总办公室。

谈话结束后，老总对朱清的印象是：没有朝气，对工作没有热情，是个缺乏主动性与创造力的人。朱清为什么给老总留下这样的印象呢?

因为在谈话过程中，朱清疲惫不堪、眼睛布满血丝，与老总谈话也是强打精神，并且没征得老总同意就点燃了一支烟。对老总的问话，他时常走神，虽没答非所问，但也没展示出他应有的才干。对于没有锐气、意志消沉的年轻人，领导自然不会欣赏。后来，朱清又与女友和好了，但给领导留下的不良印象却难以消除了。

不少职场中人犯过与朱清类似的错误。因为生活中的种种不顺而影响了情绪，耽误了休息，以致上班时衣冠不整，精神萎靡不振，而与领导谈话时又不主动解释，不取得领导谅解，自然就会给领导留下不佳印象。因此作为下属，有必要学会安排好工作与生活，及时调整好自己的情绪，因为领导很可能会在你心情不快时找你谈话。另外，抽烟一定要征得对方的同意，这是交际中应具备的基本礼貌，而且有可能对方反感烟味。

5.说话谨慎，避免直接冲撞。

如果你是职场新人，面对全新的职场情境，要学会恰如其分的言谈，并且懂得如何避免经常说错话，从而影响你在他人心中的第一印象。“多看”“多问”，这二多原则能够帮助你避免经常出现不当言论。

多看就是把相关情形看清楚，再去做综合判断。它提醒新人不用凡事一开始就急着表达意见。如在会议中，你明知道资深同事的发言错了，跟老板交代的不一样，不需要马上当众把错误揪出来。一方面是因为你对公司环境还不够了解，另一方面是因为资深同事掌握的讯息比你多。因此，当你对事情的掌控还没有十足把握时不要急着表达意见，搞不好会弄巧成拙。

建议新人先退一步去看看公司其他人怎么做的，不要一开始就冒失地“一吐为快”。当然，如果其他人都对某人群起攻之，你就可以适时表达意见，但要懂得拿捏分寸，表达意见时要做到对事不对人。

另外，新人可以试着用书面文字表达意见，因为用口语面对面跟资深同事沟通的方式会缺少缓冲，而且你沟通的态度或口吻，或许会影响到你与同事以后的关系。

多问就是要适时、适当地虚心请教。如果不问，当你说错话时，被责难的概率会比较大。但当你问了，说错话时，至少还有保障空间。问也要有技巧，有些资深同事比较没有耐心教新人如何应对进退，新人也怕言多必失，所以要先观察资深同事喜欢怎样的问话方式，例如有的人喜欢直接的问话方式，有的人比较能接受迂回的问话方式。

与领导交谈时要使用敬语

敬语主要指的是在人际交往活动中蕴涵着的对他人表示敬重、礼让、客气等内容的语言表达方式。

与领导交谈使用敬语是谈吐文雅的重要体现，是展示谈话人风度和魅力的必不可少的基本要素之一，是尊重领导的必要条件。一般而言，对领导敬语的类型可归结为以下几种：

1. 问候型敬语。

问候型敬语是与领导相见问候时使用的敬语，通常有“您好”“早上好”等。问候型敬语的使用表示尊重，而且也充分体现了说话者有教养、有风度、有礼貌。

2. 请求型敬语。

请求型敬语就是在请求领导帮忙时所使用的一类敬语，这类敬语通常有“请多关照”“承蒙关照”“拜托”等多种不同表达方式。

3. 道谢型敬语。

道谢型敬语是指当自己在得到领导帮助、支持、关照、夸奖之后表达谢意时所使用的敬语。这类敬语最简洁、最有效的表达就是由衷地道一声“谢谢”。除此之外，属于这种类型的敬语还有“承蒙夸奖，不胜荣幸”“承蒙提携”等。

4. 致歉型敬语。

最平常的致歉型敬语即是：“对不起”“请多包涵”“打扰

您了”“给您添麻烦了”“非常抱歉”等。

不管运用何种敬语，在表达上都要注意：首先，敬语的使用要本着诚心诚意的原则，不能只是形式上的应付或敷衍塞责。其次，要根据不同场合、不同氛围灵活掌握敬语的使用，既要体现出彬彬有礼，又要不落俗套。再次，使用敬语时还应认真、直截了当，不要含糊不清，同时还要注意领导的反应，并辅之以必要的体态语言。要力求通过敬语的表达使领导在心里产生反响和共鸣，达到感情的进一步交流。

让自己的语言更动听

要使领导与你交谈之后心情舒畅愉快，除了注意说话技巧外，还得从两个方面来考虑：第一是要给领导优雅的视觉形象，第二是要给领导悦耳的听觉形象。若要语言动听，让领导产生愉快的感觉，就要把握抑扬顿挫，注意气氛。适度把领导当成谈话的中心，使对方在心理上获得一种被尊重的感觉。领导明白自己在他人心目中的位置，当然心花怒放。因此，语言要说得动听，要使领导感动，应该时时把领导放在谈话的主角位置。如此一来，领导会觉得人格受到尊重。

1. 正确把握说话的节奏。

说话不仅可以表现一个人的内在形象，更可以体现出一个人的内在修养。那些讲话磕磕绊绊没有任何节奏感的人，很少能够打动领导。只有懂得说话的节奏、思路清晰的人，才会有活跃的思维。掌握好节奏的最高境界是说话自然流利。

当然，恰当的停顿不属于不流利，利用停顿展开新的思路，或者从一个要点过渡到另一个要点，或者重复某个词以给领导留下更深的印象。

磕绊的次数是可以数出来的，这也是熬过听那些令人生厌的讲话的有趣方法。在大多无味的讲话中都会磕绊。在你自己的讲话中，请别人统计一下你发生磕绊的次数，具有很大的实际价值。

很少有人能够在即兴讲话中不出现磕绊情况。我们发现平常人最多会达到每分钟30处，有许多的教授也有20处之多。

那么，如何提高与领导说话的流利水平呢？

首先，应熟悉交谈的主题。当我们的思考不发生任何迟疑的情况时，要说的话也自动地到了嘴边。充分的准备可以增加流利程度，因为这能增加自己的自信心，从而更能坚信自己要讲的东西。

其次，发音要准确。发音含糊不清是说话犹豫的一种表现。如果下属连续几个地方都有迟疑不决的现象，就会使领导不知道你在讲什么。而你也会在头脑中力图发现哪儿出了毛病，结果会使说话更加不流利。因此，如果我们有意识地在流利方面做出一些努力，会收到很好的成效。

再次，要充满热情。我们注意到，人们激动时，声音变高，语速变快，此时，语言似乎更加流利。所以，在与领导交谈时，要用你的热情感染他，要大声讲话。

2. 抑扬顿挫地讲话。

我们在与领导谈话时，只要重视并运用语调的抑扬顿挫的变化，即使是抽象枯燥的内容也能讲得娓娓动听，牢牢吸引住领导。如果不善于运用语调变化，古板平淡得很，即使是生动有趣的内容，也会讲得单调平淡，使领导反感。这就要求我们必须掌握并驾驭语调的技巧，以便能淋漓尽致地表达思想感情，增强说话效果。

（1）停顿与连接。说话中的停顿与连接是为表达语句的意义和层次、思想和情感服务的，与书面语不同，口头语的停顿并不完全受标点符号的制约。没有标点符号的地方，有时需要停顿；有标点符号的地方，有时则要连接。这一点应该牢记，但也不能生搬硬套。

（2）重音。重音可分为语法重音和强调重音。语法重音是显示语句语法结构的，位置比较固定，有一定的规律。强调重音可分为逻辑重音和感情重音。感情重音强调某种特殊的感情，如表露喜怒好恶等所使用的重音。逻辑重音是能突出语句目的、体现逻辑关系、渲染感情色彩的关键词句，其具体表现较为复杂，应根据内容予以区分并把握。重音需在非重音的环境中存在并采取适当的方法加以突出，二者必须有机地衔接和过渡，做到和谐统一。

（3）快慢。说话速度的快慢，与交际目的、表达内容、环境气氛、心境情绪有关。一般说来，说明叙述时，语速稍快；抒情议论时，语速稍慢；紧张热烈时，语速稍快；在幽静庄重或沉闷凄凉的气氛中，语速稍慢；心情激动时，语速较快；心情平静或忧伤时，语速较慢。说话速度的快慢还与人物的年龄、身份、性格有关。一般来说，年轻人说话语速较快，老年人则相对慢些；地位较低或身份一般的人说话要快些，职位较高或身份显赫的人则相对慢些；活泼开朗、机智勇敢或鲁莽急躁、狡猾奸诈的人说话要快些，憨厚老成、沉着镇静或愚钝迟缓的人说话就慢些。

改掉不良的说话习惯

拼搏在职场，也许你是那个总能够非常出色地完成工作任务的员工，你经常觉得自己鹤立鸡群、出类拔萃，总是满怀欣喜地盼望着评优、加薪、升职，可是这些好事却总是离你很遥远。每次你只能眼睁睁地看着别人受到奖赏和升迁，自己只有辛苦的份儿，最多偶尔被领导夸赞几句……

是不是该回头好好想一想，自己平时是怎么和领导说话的？

以下几点是我们说话中常有的缺陷，我们可以对照检查，并加以改正。

1. 说话用鼻音。

用鼻音说话是一种常见且影响极坏的缺点，当你使用鼻腔说话时，就会发出鼻音。如果你用大拇指和食指捏住鼻子，你所发出的声音就是一种鼻音。

如果你说话时嘴巴张得不够，声音也会从鼻腔而出。在电影里，鼻音是一种表演技巧，如果演员扮演的是一种喜欢抱怨、脾气不好的角色，他们往往爱用鼻音说话。

如果你期望自己在领导面前具有极大的说服力，那么你最好不要使用鼻音，而应使用胸腔发音。正确的方法是，平时说话时，上下齿之间最好保持半寸的距离。

2. 声音过尖。

一个人受到惊吓或大发脾气时，往往会提高嗓门，发出刺耳的尖叫。一般女性犯此错误居多，要多加注意。因为尖锐的声音比沉重的鼻音更加难听。你可以用镜子检查一下自己有无这一缺点：脖子是否感到紧张？血管和肌肉是否像绳结一样凸出？下颚附近的肌肉是否看起来明显紧张？如果你和领导说话时出现上述情形，你可能会发出刺耳的尖声。这时你就要当机立断，尽快让自己松弛下来，同时压低自己的嗓门。

3. 说话忽快忽慢。

一般来讲，说话的速度很难掌握，即使是一些职业演说家或政治家，有时也不容易把握好自己说话的速度。和领导说话太快，领导就听不懂你在说些什么；说话太慢，领导就会根本不听你说，因为他们缺乏一种耐心。据专家研究，适当的说话速度为每分钟120～160个字之间，而且说话的速度不宜固定。你的思想、情绪和说话的内容会影响你表达的快慢。在与领导说话时，应该把握适度的停顿和速度变化，会给你们的谈话增添丰富的效果。

为了测量自己说话的速度，你可以按照正常说话的速度念上一段演讲词，然后用秒表测出自己朗读的时间。如果你说话的速度每分钟达不到上面那个标准，就可以试着调整说话速度，看是否会收到良好的效果。

4. 口头禅过多。

日常生活中，人们经常听到这样的口头禅，如“那个”“你知道不”“是不是”“对不对”“嗯”等。如果一个人在与领导说话时反复不断地使用这些词语，一定会损害自己说话的形象。

下面介绍几种克服口头禅的方法以供参考。

（1）默讲。出现口头禅的原因之一，是对所讲的内容不熟悉，讲了上句，忘了下句，此时就要用口头禅来获得一点儿思考的时间，以便想起下句话。事前默讲几遍，对内容、措辞十分熟悉，正式讲话时就能减少或不出现口头禅了。

（2）朗读。克服口头禅的朗读法，就是将自己的口语从不清楚变为清楚流利的语言。如果语言流畅贯通，就不会出现口头禅。出声朗读老舍、叶圣陶等语言大师的作品，有助于用规范的语言来改善自己不规范的语言。

（3）耳听。播音员、演员的语言，一般都较为规范，没有口头禅。平时听广播、看电影时，可边听边轻声跟着说。久而久之，你会惊喜地发现：自己的口语精练了，口头禅少了，连普通话水平也提高了。

（4）练习。听听自己的讲话录音，会对自己讲话中的口头禅大为反感。这样，往往能使自己讲话时十分警惕，口头禅也会随之变少。

（5）慢语。在一段时间内，尽量讲慢些，养成从容不迫地思维和说话的习惯，一句句想，一句句说，对克服口头禅有很好的效果。

5. 讲粗话。

讲粗话是说话的恶习。俗话说“习惯成自然”。随便什么事情，只要成了习惯，就会自然地发生。讲粗话也是如此，一个人一旦养成了讲粗话的习惯，往往是出口不雅，自己还意识不到。如果和领导说话不自觉地说了粗话，那么就会给领导留下很不好的印象。

比较有效的改变讲粗话的方法是，找出自己出现频率最高的粗话，集中力量首先改掉它。首先是改变讲话频率，每句话末停顿一下；其次讲话前提醒自己，改变原有的条件反射。出现频率最高的粗话改掉了，其他粗话的克服也就不难了。

请别人督促也很重要。当然，这里的“别人”最好是了解自己的人，这样督促起来可以直截了当。由于有时自己讲了粗话还不知道，请别人督促就能起到提醒、检查的作用。督促还有另一层心理意义，那就是造成一种不利于原有条件反射自然发生的外界环境，以促进旧习惯的终止。

6. 小动作过多。

可以检查一下自己，在与领导交谈时是否在不断出现以下动作：坐立不安、蹙眉、扬眉、歪嘴、拉耳朵、摸下巴、搔头皮、转动铅笔、拉领带、弄指头、摇腿等。这都是一些影响你和领导说话效果的不良因素。当你说话时，动作过于频繁，领导就会被你的这些动作所扰乱，对你留下极其不好的印象。

学会倾听，做领导的好听众

有效倾听不但可使你获取正确的信息，还有助于你的感情“存款”不断增加。因为，由衷地倾听领导讲话，可提供“心理空气”，使领导的精神得到满足。这时，才能使领导更加信任你，或是充分发挥你的影响力。

有时候，在工作中认真倾听，是增进你和领导关系的催化剂，也使你能够得到比其他同事更多的锻炼和升迁的机会。事实上，能做一个耐心的听众非常可贵。在职场里，我们都要学会做一个有耐心的听众，并且把我们对领导的尊重和诚意表现在脸上，这说不定会给我们带来意想不到的收获。

真正的倾听，是要用心、用眼睛、用耳朵去听的。我们不但要学会用耳朵倾听，还要学会用心去倾听。那么，如何倾听，才能让领导感到舒服，又不至于让自己处于被动的状况呢？以下是和领导沟通时需要掌握的倾听技巧：

（1）保持良好的精神状态。良好的精神状态是保证倾听质量的重要前提，如果让领导感觉到你的状态萎靡不振，领导就会认为你对他的谈话毫无兴趣，或者你根本不把他放在眼里。所以，在倾听领导说话时，要努力维持大脑的警觉，而保持警觉也会使大脑处于兴奋状态。

（2）要虚心。交谈中要尊重领导的观点，即使你不同意领导的看法，也不要轻易打断他的谈话。如确有必要，需等领导讲完后再阐明自己的观点。特别是领导还没有充分地把自己的意思表达清楚的时候，不要轻易表态，乱下断语，也不要挑剔批评。

（3）要专心。倾听时要精神集中，神情专注。应善于运用自己的姿态、表情、插入语和感叹词。如微笑、点头等，都会使谈话更加的融洽。为表示自己注意倾听，要多与领导交流目光，领导讲话时要适时点头，并发出“是”“对”“哦”等应答。但不要轻易打断领导的谈话，也不要随便插话，若非插话不可，要先向对方表示抱歉，并征得对方同意，如“对不起，我可以提个问题吗”或“请允许我打断一下”。适时适度地提出问题也是一种倾听的方法，它能够给领导以鼓励，有助于双方的相互沟通。

（4）做好记录，更显真诚。在领导委派任务时，我们应该仔细聆听，了解领导对我们的期望，以及为了实现目标领导究竟赋予了我们哪些职权。而对于比较复杂的任务，还必须迅速地记下工作要点。这种情况下，在走进领导办公室前带上笔记本和笔是非常有必要的。“好脑子不如烂笔头”可以说是职场中必须奉行的金科玉律。任何一个领导都喜欢工作用心而且从不丢三落四的员工。他们最希望看到的情景是，哪怕只是突然走进下属的办公室，向下属布置一个突发任务，下属也能够迅速拿出笔和纸，记录下任务的要点。他们喜欢在自己将要讲到重点问题的时候听到下属的一句：“请稍等，我记录一下。”这表明了下属对领导本人的重视和尊敬。

（5）不要随便打断领导讲话，要有耐心。交谈中要注意控制自己的情绪。有时会因为领导过长的发言或自己不感兴趣的话题而感到厌烦，这时要学会控制自己的情绪，不要使之表露出来，要耐心听他把话讲完，这是对领导的尊重。当领导由于情绪激动等原因，在表达时出现一些零散甚至混乱的措辞，你都应该耐心地听完他的叙述。即使有些内容是你不想听的，也要耐心地听完。千万不要在领导还没有表达完自己的意思时就随意地打断他的话。

显然这种倾听本身就很有价值，但是，当倾听带来理想中的反应时，就会变得更加有效。

第5章

脱稿汇报的技术

脱稿汇报有两种情况，一种是事先准备有汇报材料，现场不拿稿件进行口头汇报；另一种是根据工作的需要，事先有汇报大纲或者现场草拟汇报大纲，然后现场口头汇报。

脱稿讲话前进行几次彩排

如果你已经写好了脱稿讲话的讲稿，为了让自己不读稿也不背稿，这就需要你在正式讲话之前进行反复预讲。俗话说："台上一分钟，台下十年功。"虽不需要十年那么夸张，但也需要我们不断地训练自己，以适应不同环境、不同时段的脱稿讲话。比如说：你可以站在镜子前面练习，或者将演讲录下来，或者在几个朋友面前预讲等。采取这样反复的预讲可以帮助我们减缓紧张不安的心理，提高讲话的效果。

要知道，反复的预讲是做好脱稿讲话的一个重要步骤，也是脱稿讲话准备工作的一个重要环节。古今中外的演说家或大师，他们都很重视在正式讲话之前的预讲。古希腊演说家德摩斯梯尼非常重视演讲之前的预讲演习。他把自己关在地下室书房长达三个月，专门在书房里练习演讲，学习演讲的技巧。为了让自己下定决心，他发誓只要自己达不到目的，就绝不让自己迈出书房一步，甚至他还剃掉自己的头发。等到头发重新长出来，德摩斯梯尼也终于走出地下室，成为一个造诣颇深的脱稿演讲家。

不仅德摩斯梯尼如此，曾任微软全球副总裁的李开复先生也是同样如此。他也非常重视在演讲之前的预讲。每当在演讲之前，他都会事先做好预讲，每次都要请1个朋友去旁听，之后给他提出意见。他曾对自己承诺，不事先排练3次，是决不上台演讲的。在一个月的行程之内，都会安排两场演讲，在每次演讲之前都要排练三遍，专门找一个人听，这也就是所说的231工程。所以，为了让脱稿讲话更成功，我们需要进行反复的预讲，那么在预讲的时候，需要注意哪些方面呢？

1.排练时要注意控制时间。

在预讲的时候，要做好对于时间的把握，因为有些脱稿发言是有时间限制的。若是超时的话是表示对听众的无礼，只会让听众厌烦；若是太短的发言则会让听众认为你的行为是在敷衍了事，因而也会令听众产生不满。所以，在预讲时，要用手表为自己计算好时间，如果时间太长，就需要缩减讲话内容，如果时间太短，就需要对内容进行丰富扩展。这样，对于自己的讲话时间就能做到心中有数，避免各种情况的发生。

2.给自己录像或录音。

你想知道自己在实际演讲时的表现吗？你的表现是否让自己满意呢？有些人在讲话的时候，表情是木讷的，没有任何的肢体动作、表情语言、体态语言，就犹如一根木头一样在那里说着，那样的脱稿发言是不会打动人心的。为了解决上述问题，改变枯燥呆板的状态，我们可以尝试在预讲时，给自己录像或者录音，因为观看录像或听录音会是最直接的反馈，能够使你最直观地看到自己讲话时的表现。这样一来，反复观看自己的表现，同时不断地训练和改正，相信到真正演讲的时候，一定会表现得更加出色。

3.预讲时要站着，并且选择宽敞的地方。

坐在写字台前反反复复地预讲稿子，是与站在众人的面前有着千差万别的。因为这种活动只是一种准备的活动，而与实际面对众多的听众是有区别的。试想一下，你站在写字台前讲话，你所想讲出的内容完全是机械式的，没有任何意义。即使你在写字台前很流利地讲出腹稿，但如果换了一个宽敞的环境，你就会不知所措，讲的时候也是结结巴巴，这就是场合效应。在狭小的空间里知道自己怎么办，在宽敞的地方，就不知所措了。与其这样，还不如在预讲的时候，就找一个比较宽敞的地方，大声地讲出你所说的话，如此一来，在正式讲话的时候，也能尽快地适应宽敞的新环境。

4.预讲时要使用正式讲话的全部材料。

在正式脱稿讲话的时候，要做到“全真模拟”。如果你在预讲的时候，有的材料你讲到了，有的材料你觉得很简单不用讲，那么，在真正地脱稿讲话时就容易出现问题。比如说：在预讲的时候，本来为了说明事实要举出一个例子，可是你自认为太简单了没必要，在几次演练的时候都没有讲到这个，那么在正式脱稿的时候，由于一些惯性，也不会有意识地提到，并且还会因为感觉自己落下了一些东西而感到别扭，越想越是想不起来，这就造成思维的断档。所以，在预讲的时候，要做到全部排练，最好是全真模拟，只有这样才能在真正脱稿讲话时做到万无一失。

5.做好最后一次排练。

即使你以前反复预讲了很多次，但是在正式讲话之前还要再排练一次。如果正式讲话是早上九点开始，那么你需要在早上六点钟起来预讲一下，这样在台上你对稿子的熟悉程度就会像对密友一样的熟悉。

也许上述的注意事项，你会觉得很麻烦，没有必要，但无数事实证明，每个成功的演说家都是这么走过来的。戴尔·卡耐基在总结成功的演讲经验时说过："一切成功的演讲，都是来自于充分的准备。"的确，预讲也是准备工作之一，而且也是非常重要的环节，只要把这部分做好，我们才能在正式的脱稿讲话中，自然而流利地展现自己的风采。

脱稿讲话前要理顺表达逻辑

在脱稿讲话中，人的思绪常是杂乱无章的，为了理顺脱稿讲话的思路，不妨先思考再写作，实现思考逻辑与写作逻辑的顺利切换，构建出严密合理的逻辑架构。作家贝蒂·休·弗劳尔斯在一篇文章中指出写作有四个阶段：

（1）疯子阶段：放开你的思路，天马行空地畅想。

（2）建筑师阶段：把相关概念加工成提纲。

（3）木匠阶段：给提纲加上句子，使其形成结构。

（4）法官阶段：做出有效的裁决，剔除错误的语法或修正不当的文体。

在这四个阶段中，人们最常忽略的可能是“疯子”和“建筑师”之间的区别。我们期待以合乎逻辑的顺序提出观点，然而由于“建筑师”的失败，结果是让“疯子”随便游荡。

在思考阶段，就好比你独自一人展开辩论：你随手把自己想到的内容记下来，你想到了很多，它们没有什么顺序，甚至句子都不完整，或者有语法错误。但是，切记不要对它们的价值进行判断，尽可能地激发思想的火花，让充满创意的想法源源不断地冒出来。

当这些想法从脑中流露在笔上的时候，我们需要把这些有着些许逻辑的文字进行加工和整理，在实际组织脱稿思路时，要重新确定逻辑顺序。这时，本书前文介绍的“金字塔原理”就能派上用场了——自下而上思考，自上而下表达。

比如说：某企业召开会议，要求与会人员提出解决问题的措施，某员工在思考时也许想出了如下几条建议：

（1）与主要的管理人员及监管人员谈话；

（2）跟踪并记录交易行为和工作流程；

（3）确定所有关键的环节；

（4）分析组织结构；

（5）理解服务和绩效措施；

（6）评估业务功能的绩效水平；

（7）找出问题和原因；

（8）确定改进生产效率的潜在机会。

但是在理顺讲稿思路时，就会重新地进行加工和处理，落实到写作上，也许就会变成下面的状况：

1.确定企业的关键业务环节

（1）与重要人员对话；

（2）跟踪并记录交易行为和工作流程。

2.找出开展业务时存在的劣势

（1）确定组织结构；

（2）确定服务和绩效措施；

（3）评估绩效水平。

3.提出改革的实际建议

从上述这个例子，我们可以看出，前后形成了鲜明的对比，讲话者实现了思考逻辑（自下而上）与写作逻辑（自上而下）之间的切换，让自己的讲稿越来越清晰，越来越顺畅，从而组织了一个成熟的讲话思路，在脱稿讲话中就可以表达地更加清晰有层次，听众听起来也会更加容易理解。

脱稿讲话中的提纲

提纲是整个脱稿讲话的总体思路和框架。脱稿讲话时，只有按照既定的提纲，围绕设定的讲话结构，才能进行充分的发挥，讲话思路才不会被打断和阻隔。所以，熟记提纲对于脱稿讲话就显得尤为重要。倘若你不熟悉自己的讲稿提纲，你的紧张感就会逐渐增强，自信心明显不足，很可能会给讲话带来负面的效果。

前美国总统奥巴马在谈到自己讲话时说：“提纲列好之后，把初稿写下来，或者口述下来。在删改打好的讲稿上，不要加工得太细，因为那样会把口头语言的生气和节奏弄没了。若想脱稿讲话，就要熟记提纲，把提纲念上几遍，把关键的句子记下来。如果不把提纲记得很熟，那就有可能失去思维的连贯性，从而也就会失去听众。”的确，只有熟记提纲，才能确保脱稿讲话流畅的思维，才能创造精彩绝伦的演讲。

那么，具体来说我们怎样才能熟记演讲提纲呢？一般来说分为以下几个步骤：

第一步是识读，即阅读。讲话者只需要大体了解整体与细节，对稿子有个概观和微观，把握题旨，掌握例证阐述的关键，包括引述的事实、名人名言等，其中最有说服力的是准确无误的数字。对于这些要做到阅读，并且要快速地记在脑子里。

第二步是响读。朱熹曾说：“凡读书，需要读得字字响亮，不可误一字，不可牵强暗记，这样，才能达到他所说的‘逐句玩味’‘反复精读’‘诵之宜舒缓不迫，字字分明’。”的确，唯有如此，脱稿之类的当众讲话才能有理有据、有情有感、有声有色。而响读对于增强记忆十分重要，对于熟记提纲也有着十分重要的作用。

此外，在大声响读的时候，我们还要联系当时可能发生的情况，或者是用哪些表情、动作，争取做到在熟记提纲的同时，也能尽早让自己适应角色。

第三步是情读。情读就是要在充分理解演讲稿的基础上，用适度真实的情感来表达自己的观点。在熟记提纲时，切记过多地投入感情。因为哪一个部分需要你投入怎样的感情都是设定好的，不要因为自己理解和熟记了提纲就开始胡乱地抒发情感。

综上所述，熟记提纲，一要用眼睛——阅读，二要使口舌——响读，三要动心思——情读。只有整体的综合的全方位的记忆，即“立体记忆”，才能深入人脑，打动人心。

这里要提醒大家的是，提纲只是一个大致的思路，至于里面具体需要怎么讲，讲得怎么详细是在现场即兴发挥的，因为即兴的语言才会有生命力和感染力，所以，在记提纲的时候，只需要把大致的要讲的内容、思路和框架记下来就可以了，并且一定要做到熟记。

第6章

非正式汇报的技术

按照组织的规章制度和程序进行的汇报，是正式汇报，例如述职、计划、进度、总结等。非正式沟通是在制度之外的汇报类型，其特点是即兴的和未经计划的。非正式汇报的形式如非正式的会议、闲聊、走动式交谈、吃饭时进行的交谈等。非正式汇报的好处是形式多样、灵活，不需要刻意准备；汇报及时，问题发生后，马上就可以进行简短的交谈，从而使问题很快得到解决；容易拉近主管与员工之间的距离。

与领导谈话的礼貌用语

一天，部门领导出去和客户开会开了很久，当时室外风很大，领导回到办公室时，一副灰头土脸的样子。领导嘴里嘀咕着："连午餐都没顾得上吃，饿得要死，还被客户刁难，真是快被气炸了！"

办公室新人杨威当时虽然也在忙，但是为了安慰领导，就简单地说了一句："辛苦了！"让杨威没有想到的是，原本像战败犬一样的领导，突然变成了斗鸡，生气地对他说："什么辛苦了！你干脆来拍拍我的肩膀，对我说'干得不错'好了！你以为你是谁啊？"杨威听得莫名其妙，心想自己一片好心，怎么会被他曲解成这样？因此，他郁闷了老半天。

后来杨威才明白，"辛苦了"是上司对下属或前辈对晚辈才能用的慰问语，自己明明是刚刚大学毕业的职场菜鸟，却这样对领导说话，难怪满肚子气的领导听了之后会更生气。

如果部属对领导说"辛苦了"，大多数领导都会不高兴，即使有些领导不会表现出来，也会在心里想：我辛苦了，那你这个做下属的干吗去了？

那么到底该怎么说才恰当呢？很简单，只要多加一个“您”字，整个句子的语气听起来就完全不同了。虽然“辛苦了”和“您辛苦了”这两个句子意思完全相同，但是传达出来的意义和语气却是截然不同的。“您”就字形的含义来讲是“心上有你”，一开口就显示出了对领导的尊重。

下面是利用礼貌用语帮助你提升在领导心目中地位的几条极为实用的经验：

（1）不管在公司内外，只要领导在场，离开时一定要跟领导打一声招呼，说一下类似于“对不起，我先走一步了”“再见”这样的话。

（2）在公众场合遇见领导，别表现出特别的热情，只需礼貌地说一声“您好”就可以了。尤其注意不要嘘寒问暖地跟领导说个没完。

（3）如果领导受邀并参加了你的派对或你举办的活动，一定要当面致谢，并送个小纪念品以示谢意，哪怕是一张纪念卡。

（4）如果前一天领导请你吃饭了，第二天见到领导时要再次致谢。

（5）当领导坐着时，你从领导身前经过，一定要说“不好意思”或者“对不起”来表示一下你的歉意。

（6）当领导派发红包时，应及时拆开来看看，无论多少都要立即向他表示感谢。同时记住，不要把所得红包的金额告诉周围的同事，因为领导把红包包起来可能是一种不公开的奖励方式，不要引起不必要的麻烦。可以选择另一个有意义的日子，如节日时向领导送上一张贺卡或者一束鲜花等小礼品作为答谢。

（7）在工作中的酒会、宴会上，举杯前要先等着领导，只有等到领导举杯了，你才能举杯，或者你可以举杯敬领导。切记，千万不要拿起杯子一句话也不说就一饮而尽，那样领导会以为你对他、对工作或者对公司有什么不满。

与领导交谈时的正确措辞

赵康在一家图书公司做策划。这天经理突然来到他的办公桌前，将一摞文件交给他，责问道："你到底都写了些什么啊？"当时赵康正想着下一个方案，被经理这么一问，就愣住了。"怎么了？"赵康问。没有想到这三个字一出口，经理立刻爆发了："怎么了？你问我还是我问你啊？"赵康一下子被问懵了，不知道该如何是好。

这时，赵康旁边的一名同事走了过来，冲经理一笑："经理，我来看看，两点半点之前答复您，好吗？"经理点了点头，又冲赵康瞪了瞪眼，离开了。这时，赵康心里一肚子委屈，却什么也说不出来……

"让我再认真地想一想，两点半以前给您答复好吗？"虽然只是一句话，但足以平息领导冒出来的怒火。另外，当领导给你一个方案，或让你马上回答某个问题，你却没有做好思想准备时，类似于这样的回答，也能给你留出足够的思考和应对时间。

如果领导向你询问一些不在你工作范畴内或者你并不熟悉的问题，你不知道该如何回答时，最好还是不要说不知道。你可以对领导说："让我再认真想一想，过一会儿给您答复好吗？"这样，巧妙回避了你不了解的情况，之后再询问其他人，或者查找相关的资料。这种回答不仅能暂时为你解危，也能让领导认为你在这件事情上很用心很认真。不过，事后可不能懈怠，要及时向领导交出自己的答复。

同样的意思用不同的说法表达出来，会给人一种不一样的感觉。我们也许会感慨，自己努力工作多年，一次升职都没有过，而那些能力不如自己的人，却总是不断高升，世界真是太不公平了。而实际上，也许他们在工作技能上确实不如你，但他们一定有自己独特的能力让领导对他们刮目相看。比如在和领导沟通时，他们会习惯性地用一些句型。千万不要小看这些句型，这些句型能使领导听起来很受用，领导也会觉得下属有礼貌，处理事情有分寸，这样的下属有资格、有能力成为自己的最佳搭档。

下面我们归纳了一些职场中和领导说话，以及汇报工作时，可能会用到的实用句型：

（1）领导传唤时体现责无旁贷的句型：我马上处理！

（2）表现出团队精神的句型：某某的主意真不错！

（3）说服同事帮忙的句型：这件事没有你不行！

（4）智退骚扰的句型：这种话好像不大适合在办公室讲吧！

（5）恰如其分地讨好领导的句型：我很想知道您对某个方案的看法……

（6）以最委婉的方式传递坏消息的句型：我们似乎碰到了一些状况……

（7）巧妙回避你不知道的事的句型：让我再认真地想一想，3点以前给您答复好吗？

（8）不着痕迹地减轻工作量的句型：我知道这件事很重要，但我能不能先查一查手头上的工作，把最重要的事排出个先后顺序来？

（9）面对批评时表现冷静的句型：谢谢您告诉我，我会认真仔细地考虑您的建议的。

（10）承认疏忽但又避免引起领导不满的句型：是我一时失察，不过幸好……

容易招致误解的汇报语言

平时与领导相处、交谈和汇报情况时，都要多加小心。特别是一些容易让领导不快和招致误解的话，要更加注意，举例如下。

1. 不经意地说：“太晚了！”

这句话的意思是嫌领导动作太慢，以至于快要误事了。在领导听来，肯定有“干吗不早点儿”的责备意味。你可以换一种说法来应对，例如你可以说：“我马上去办，看是否还来得及。如果来不及我立即向您报告。”

2. 对领导说："这事不好办。"

领导分配工作任务下来，而下级却说"不好办"，这样会让领导下不了台，也说明你在推卸责任。你可以换一种说法来应对，例如你可以说："这事很有挑战性，我需要您的支持和点拨……"

3. 对领导说："您真让我感动！"

"感动"一词是领导对下级的用法，例如说："你们工作认真负责不怕吃苦，我很感动。"而晚辈对长辈或下级对上级用"感动"一词，就不太恰当了。尊重领导，应该说"佩服"。例如："经理，我们都很佩服您的果断！"这样才算比较恰当。

4. 对领导说："不行是吗？没关系！"

这话是对领导的不尊重，缺少敬意。退一步来讲，也是说话不讲方式方法，说了不该说的话。你可以说："万一不行的话，我再想想别的办法。"或者："不行的话，您有什么建议给我吗？"

5. 对上级的问题回答："无所谓，都行！"

这种"怎么都行"的语气，有时候你是为了表达一种爽快和客气，但是过度客气反而会招致误解。可以换一种明确无误的说法："我没有什么问题，都可以接受。"

正确领会上级的弦外之音

沟通心理学家赫兹·里特说过："谈话的艺术是听和被听的

艺术。” 人们在交际过程中，有时候出于某种需要，不把要说的意思直接说出来，而是采用讽喻、双关、反语等修辞手段，含蓄地把意思表达出来，让听话人自己去琢磨、品味。因此，我们在听话的时候，要善于从别人的谈话里听出言外之意、弦外之音。

很多时候，领导和同事并不会把所有的事情都说透说破，他可能只是试探性地询问，或者巧妙暗示，如果你能及时地接收到对方的暗示信息，并能做出反应，会增加与对方交流的默契。

刘晓娟是企业人力资源部的职员。有一次老板和她谈话，先是夸了她的业绩不错，认为她可以担当更重要的职位，然而又说最近行业不景气，利润比去年下滑得厉害，最后就问她如果她做主管的话会不会考虑裁员。

刘晓娟愣了一下，随口就说不会，因为很多同事都是一起出生入死的。老板脸色稍变。后来，刘晓娟的同事升了主管的职位。事后刘晓娟才想清楚，老板的意思就是想裁员。如果她不是从个人感情的角度去看问题，而是站在企业发展的角度去考虑，那么升职的就会是她。

有了这个教训之后，刘晓娟遇事多了一些思量，在不违背原则的基础上，也学着听老板的话中话。

有一次老板要去欧洲出差，在此之前问刘晓娟：你的英语和外国人交流没问题吧？虽然刘晓娟对自己的英语水平不那么自信，但她听懂老板的潜台词：如果英语水平高，就可以一起去欧洲。刘晓娟当时就回答说没问题，然后就利用下班时间努力补习英语。果然，她获得了这次机会。

和老板一起在法国的时候，他们拜访一些老客户，老板对其中一位客户的产品很感兴趣，但又觉得对方的价格偏高。他用询问的口气问刘晓娟这个产品怎么样，刘晓娟给他的回答是：很不错，值得购买。刘晓娟从老板的言行中感受到老板已经做好了买的决定，他问她只是希望也能得到她的赞同。果然，老板兴高采烈地和这家公司签了约。

后来，老板有事便经常与刘晓娟商量，俨然把她当成了自己的亲信。这就是听懂“话外音”“潜台词”“暗示语”的重要性。

要正确领会对方的“话外音”“潜台词”“暗示语”，有以下几点建议。

（1）要做到“听话听音”，就要尊重对方，了解对方。只有善于从对方的角度出发，并能从言谈举止、表情和语气中感受对方心思的人才能很好地把握住这一点。如果你懂得理解对方的话外之音，并做出对方想要的回答，对方会感到你和他英雄所见略同，从而觉得如遇知己，对你充分信赖了。

（2）可以根据对方说话的语气来推测他的本意。例如你想请老板出席某个场合，他可能说：“我不必去了吧？”如果你没有领会到这是一种客气和假意的推托，接口说：“哦，这样呀，我知道了。”那就误解了老板的话外之音。如果老板不想去，他会说：“你去就行了。”或者“我不去。”老板的回答中的“不必”与“吧 ”两个词，带有很强的语气色彩，表明他是想半推半就，希望你再次恳求。

（3）根据对方的动作来捕捉他的真实意图。如果在你跟他说话的时候，他转而背过身去，言外之意就是：“我知道了，我要在不受你影响的情况下考虑这件事。”如果他在你进门后关上办公室的门，神色庄重，言外之意就是：“我跟你说的话很重要，你不要外传。”这时候，你要表情凝重，神情专注。如果他在你说话时心不在焉，眼睛不离开文件，只是微微点头，言外之意就是：“我手头有事正忙 。”这时候，你就要挑重点说，语言简洁，或者另找时间交流。

第7章

聪明人汇报工作的7个习惯

亚里士多德说：“优秀是一种习惯。”

在职场上，如果能养成善于汇报工作的习惯，就能加快成功的脚步，早日实现心中的梦想。

把汇报工作当成一种习惯

员工要和老板的思路保持一致，就要勤于汇报工作。哪怕你只是完成了整个工作的一小部分，也要及时汇报和沟通。如果不经常请示汇报工作，不仅会埋没你的成绩，而且还会让上司无法掌控工作进度，不利于整体安排。

老板心中往往有个疑问，不知道他的下属在忙些什么，每天好像都有做不完的事情，又不好意思经常去问。所以做下属的一定要主动报告自己的工作进度，让老板放心，不要等做完了再讲。有时小小的一点错误，发展到后面就会变得很大，所以尽早报告给你的老板，一有错误，他就可以纠正你，避免你犯大错误。

台湾管理培训专家余世维先生对这一点深有体会。他曾经在自述中说："我总是主动向老板报告自己的工作进度。这一点是我在日本航空公司工作时从日本人身上学来的，这叫'师夷长技以制夷'。"

"一次，有四个东京的本部长，要到台湾东边的一个小岛南屿去度假。那个岛很小，上面只有两个饭店，而他们要四个连在一起的套房，还要面对太平洋。我打电话去问，一间都没有 ，我马上回电给东京，那个时候还只能发电报，说一间都没有，但我会努力去找。东京回答了两个字：了解。”

“我就继续我的工作，找到了两间，一个饭店一间，我马上回电东京：现在找到两间，可惜不在同一个饭店，但我还是会继续努力地找。东京的回电仍然是那两个字：了解。我努力了很久，终于找到了三间在一个饭店里，但仍缺一间。我回电给东京之后，得到的回答依然是那两个字。”

“我就带着我的钱，坐小飞机冲到南屿。问服务员：‘我旁边的那个房间是谁住的？’‘那是一对夫妇，马上要来度假，今天下午就要来check-in。’服务员回答。我就坐在那里等他们，那对夫妇到了，带了一个小孩，我马上走过去说：‘我是日本航空的，我喜欢您的房间，您能不能让给我？’”

“他说：‘我凭什么把自己订好的房间让给你？’我说：‘您说得对，隔壁我替您找了一间套房，面对太平洋，晚上可以看到夕阳，波涛澎湃，远处有千帆点点，风景一点都不比现在这一间差，而且还有最重要的一点——免费。’”

“他很疑惑地问：‘真有这回事？’‘对，我就是想要您的房子。’我说。”

“他拿了他的行李，带着他的孩子，挽着他的太太，迈向了隔壁房间。我回电给东京：四间套房全部找到，在南屿的绿岛饭店，三楼，连在一起，面对太平洋。东京回电多了两个字‘谢谢’。”

“没多久，东京的人到了，轻轻地拍着我的肩膀说：‘你做事很像我们日本人。’其实我不愿当日本人，但是他的这种赞赏，是一种极大的荣耀。日本人一直认为中国人做事情不太像他们，我就是要这样子让他们服气。这件事我一共给东京回电七次，主动报告我的工作进度。当然，那个免费是我自己掏的腰包，公司怎么可能出这种钱呢？我为了抢这个房间自己掏腰包，其实东京方面不知道，我这种辛苦，他不晓得。那腰包一掏，我半个月的薪水就没了，可是我愿意做这件事，因为我很快就得到了晋升的机会，这种投资是值得的，这是做事情的精神。”

作为一名下属，你有多少次主动报告过你的工作进度呢？让老板知道你在做什么，做到什么程度，是否能够让他放心？管理学上说：下属给老板的报告永远少于老板的期望。可见，老板都希望从下属那里得到更多的报告。因此，做下属的越早养成这个习惯越好，老板一定会喜欢你的。

不能不附带提到的一点是：当老板问你关于工作的事情时，你一定要有问必答，而且回答得越多越详细越好。最好是问一句，答三句，让老板清楚。答的比问的要多，会让老板放心；答的比问的要少，会让老板忧虑。如果你期望你的老板对你放心，能把更多的锻炼机会交给你，那你知道该怎么做了吧？

完成工作后，提交工作总结

工作总结是人们对某一阶段工作进行的回顾和分析。人们可以从中找出经验和教训，引出规律性认识，以便接受上级的指导，引发团队的思考，从而在今后的工作中改进工作方法。

员工要养成每完成一项工作之后向上司递交工作总结的习惯。上司准确地掌握下属的工作总结的材料，有利于及时掌握工作进度及管理的运行状况。经常汇报工作，让上司知道你干了什么，效果如何，可以显示出你对他的尊重。如果遇到困难和麻烦，上司还可在人力、物力上支持你，比你闷着头自己干要强上千百倍。

工作总结可以是书面的，也可以是口头的，但最好是书面的，因为：（1）书面总结能让你有较多的时间进行思考和完善；（2）书面总结可以长期保存，成为工作记录的一部分；（3）书面总结不占用上级特定的时间，他可以选择方便的时间阅读；（4）书面总结更为正式，容易引起上级的重视。

提交工作总结时，有几点要求需要注意：

（1）要善于抓重点。工作总结涉及本部门、本岗位工作的方方面面，但不能大小事情都汇报出来，应该要有主次之分，抓住重点。有些人在做工作总结时，担心自己所做的工作不提出来就像没有成绩似的，结果总结内容庞杂，中心不突出。那么，什么是重点？是指工作中取得的主要经验，或发现的主要问题，或探索出来的客观规律。不要分散笔墨，要抓住重点。

（2）要注意观点与材料统一。工作总结中的经验体会是从实际工作中，也就是从大量事实材料中提炼出来的。但在讲述的时候又必须靠材料进行说明，经验体会才能“立”起来，具有实用价值。这就是观点与材料的统一。

（3）语言要准确、简明。工作总结的文字要做到判断明确，就必须用词准确，用例确凿，评断不含糊。简明则是要求在阐述观点时，做到概括与具体相结合，要言不烦，切忌笼统、累赘，做到文字朴实、简洁明了。

（4）汇报成绩不是目的，分析原因、总结经验才是目的。成绩的罗列要简明扼要，尽量要有数字支持。在汇报成绩之后，重点是认真分析取得成绩的原因，总结经验，并使之得以传承，是实现工作业绩持续提升的前提和基础。成绩固然要全面总结，原因更要认真客观分析。

（5）分析导致工作目标没有达成的失误和问题。人贵有自知之明，工作总结并不是要总结得形势一片大好，必须认真客观地分析在工作中的失误和存在的问题。通过分析问题，查找原因，认识不足，不断改进和提高，实现工作质量的持续提高，来反思自己为什么没有进步。

（6）下一阶段的工作计划与安排。总结上一阶段的工作，是为了更好地筹划和安排下一阶段的工作，所以下一阶段的工作计划和安排必须在结尾的时候交代清楚。

汇报问题时，自己先做思考

汇报工作也要讲究技巧，不是像记流水账一样地汇报上来，也要主次有序，重点突出。当工作不顺利时，汇报起来更要讲究方法。“报喜不报忧”固然不可，一句话就把坏消息摆在前头，也会让老板没有心理准备。

某化肥公司的推销员刘智超从一线考察回来，敲响了经理办公室的门。

“情况怎样？”经理劈头就问。

刘智超没有急于回答经理的问话，而是显得心事重重的样子。他了解经理的脾气，如果直接将不利的情况汇报给他，经理肯定会不高兴，搞不好还会认为自己没尽力去办。

经理见刘智超的样子，已经猜出有对公司不利的情况，于是改用了另一种方式问道：“情况糟到什么程度，有没有挽救的可能？”

“有！”刘智超干脆地回答。

“那谈谈你的看法吧！”

刘智超这才把他了解到的情况汇报给经理：“我这次下去了解到这个客户之所以不用我们厂的产品，主要是因为他们已经答应从另一个乡镇化肥厂进货。”

“有这样的事？你怎么看？”

“我们公司的产品应该比乡镇企业的产品有优势，我们的产品不但质量好而且价格还很公道，在该省已经具有了一定的知名度。”

“就是，小乡镇企业的实力怎么能和我们相比呢？”经理打断了刘智超的汇报。

“当地的种植公司多年来使用我们公司的肥料，与我们有很好的合作基础，这是我们的优势所在。该客户答应与那个乡镇企业订货主要是因为那个乡镇企业离他们较近，可以送货上门 ，这一点，我们不如那家乡镇企业。如果我们可以在每个乡镇找一个代理商，也提供送货上门的服务，问题就解决了。”

“嗯，不错。你找到了问题的症结所在，还想出了解决的办法，这件事就交给你全权处理吧 。”

“好的。”

不久，当地的种植公司又成了该化肥公司的客户，公司的化肥销量节节上升，刘智超也受到重用。

在这次汇报的过程中，刘智超展示了自己的说话能力，他在经理直接问的时候，没有把坏消息直接说出来，而是用沉默和表情来传递办事不顺利的信息。当经理问他事情的具体情况时，他对自己一方的优势做了具体的分析，并提出了解决问题的方法。这种汇报方式，让经理明白他是经过了详细的调查，认真的思考，所以能够放心地把事情交给他去处理。

绝不轻易越级汇报

公司的管理一般有两种结构模式，一种是以老板为核心，直接管理多名员工；另一种是以员工为基层，实行层层管理和约束，形成一个金字塔式的管理结构。第一种模式更多地用在小规模的公司中，第二种主要是用于规模较大的公司和单位。越级汇报主要是针对第二种类型的公司而言的。

在工作中，上下级一般都按照既定程序开展工作，员工对主管负责，主管对经理负责，经理对总裁负责。这层层框架，既可以把问题筛选集中，又可以减少复杂的人事关系，有利于活动的开展。

大部分员工都按照这个顺序运作着，却也有遇到特殊情况的。有的员工看到主管能力不强，便想越过主管向经理汇报；有的员工求功心切，想直接向总裁汇报成绩。诸此种种，大多是求功心切。

唐志勇是一名工作能力很强的员工。到公司不久，他就看出公司制度中的一些弊端。唐志勇把这些问题收集起来，做了详细的分析，然后想出了种种解决方案。唐志勇心想，我应该把这份建议书交给总裁，只有他才有能力来执行这份建议。但直觉告诉他，如果直接交给总裁，主管肯定会不高兴。

唐志勇想了想，决定还是先把这份建议交给主管再说。主管看了唐志勇的报告后，发现唐志勇分析得非常有道理，便向经理加以推荐。不仅如此，主管还给唐志勇的建议书提了一些完善的方法，使那个文件更适合上级的阅读习惯。

不久，唐志勇的建议被总裁采纳，唐志勇也得到了总裁的表扬。唐志勇在接受荣誉的同时，感触颇深，他想："幸亏我没有越级报告呀，要不那样既得罪了主管，也会给总裁不好的印象。"

唐志勇因为考虑到越级报告可能产生的不良后果，在关键时刻还是选择走常规路线。事实证明，他的选择是正确的，他不仅赢得了主管的重视，而且还顺利地提出了自己的建议，得到了总裁的认可。

越级报告容易给直接主管以“不重视”的印象，很容易造成上下级沟通中的障碍，影响员工的发展。

吉姆在一家环球摩托公司做售后服务工作很久了，有很多与客户打交道的经验。有一次，吉姆听说公司有一个现场工程师的空缺。吉姆心想：我从事售后服务这么久了，处理的大部分问题都是一些小的技术问题，在技术方面的潜力没有完全开发出来，不如想办法换个岗位，争取去当现场工程师。

吉姆有了这个想法之后，就主动去找他的顶头老板霍华德，请求他考虑自己的调动问题。霍华德正忙着要出差，就对吉姆说：“我现在忙，等我有时间再说吧。”

霍华德出差了，吉姆心急如焚，担心错过了这个好机会，到时候公司招到人了，便不会再考虑自己了。吉姆心想：“我是不是要直接去找总经理呢？请他考虑把我调过去？”霍华德非常矛盾，既想得到这个机会，又不想越级去找总经理。总经理很忙，有可能直接拒绝自己的请求；即使总经理同意了，霍华德也可能卡着自己不放人。吉姆想来想去，觉得问题的关键还在霍华德这里。

吉姆放弃了越级报告的打算，他发了一个短信给霍华德，请求他在闲余时间考虑一下自己的请求。霍华德没有回短信，吉姆只有等待。

令吉姆惊讶的是，一星期之后，工程部打来电话通知吉姆，让他到工程部上班。原来，霍华德虽然在外地出差，但是并没有忘记吉姆的请求，他主动给总经理写了邮件，提到了这件事情。员工的岗位调动本来就是正常的事，所以便顺利地批下来了。

吉姆因为工作调动的事情矛盾而焦急，他面临着是否越级报告的选择。吉姆在经过一番思想斗争之后，放弃了越级报告的想法，得到了满意的答案。

一个公司像一部复杂而严密的机器，丁是丁，卯是卯，每一个部件都在一个固定的部位发挥着不同的作用，以保障整部机器的正常运转。在上下有序的公司中，越级报告是一种危险的行为，即使你的项目非常优秀，也有可能因为这种危险关系而大打折扣。你寄予厚望的最高层老板看到你的越级报告后，有可能会为了照顾你的直接上级的感受，将你的建议书“退回原级处理”；而你的直接上级，有可能因为你背着他越级汇报，而对你心怀成见。

在上级相处的艺术中，也有着“官官相护”的倾向。你不服从于自己的直接上级，就意味着你并不一定会服从于最上级。这种对“服从意识”的要求，有可能让各级老板都对你予以排斥，这样，你在公司中的前途就可能因为越级汇报而障碍多多。

想要越级报告的人，大多是急功近利的人，或者是对自己的主管能力质疑的员工。如果是第一种情况，你需要耐心一点。你要相信，你的报告经过主管的审阅，会变得更加完善，更加适合高层的胃口，也更容易被采纳。如果是第二种情况，你要把攻关的重点放在主管身上。找到主管感兴趣的点，让他知道，如果推荐了你的建议，总裁会因此对他更重视，充分表明你的建议对整个部门的发展有很大的作用。通过这些说服，你可以让主管重视你的报告，让你的建议达到顶层。

不管在什么时候都要记住，越级汇报属于非常规武器，既有超常的杀伤力，也有超常的后挫力。在没有充足的把握之前，遇到问题时，尽量与你的直接老板沟通。你的上级的上级也并不一定就会听信你，他所习惯的，还是他自己选中的下属——你的直接上级。

向上司提建议时，尽量暗示

有一次，拿破仑得意地对他的秘书说："布里昂，你也将永垂不朽了。"布里昂听了这句话，不知是什么意思。拿破仑看着他，进一步解释道："你不是我的秘书吗？"这句话的意思是说，布里昂可以因沾他的光而显名于世。布里昂是一个非常有自尊心的人，他不愿意接受子虚乌有的恩惠，但又不便直接对拿破仑的话加以反驳或者拒绝。于是他反问道："请问亚历山大的秘书是谁？"

这句话问得十分"刁"，拿破仑还真的没料到布里昂有这一手，他愣了一会儿。不过，拿破仑毕竟是英雄胸怀，他没有责怪布里昂，而是为他鼓掌喝彩："好，问得好！"

“请问亚历山大的秘书是谁？”在这里，布里昂十分巧妙地暗示了拿破仑，亚历山大名垂史书，风流千古，但他的秘书却鲜为人知，那么，拿破仑的名气再大，也不会让他的秘书布里昂显名于世了。这巧妙的暗示，以及巧妙的拒绝，使拿破仑明白了自己的失言，又维护了双方的尊严。这种机智的部下，自然能赢得领导的信赖和赏识。

帕特丽夏·科克女士是马萨诸塞州智囊团的成员，她工作精干而颇有建树，但始终没有获得提升。终于在某一天，她为这事与上司争吵了起来。

“在争论中，我们互不相让，气氛十分紧张”，这位女士后来回忆说，“然而这场唇枪舌剑之后，我就不得不离开这家公司了。”

对一位不甘屈于人下的下属来说，至关重要的恰恰不是唯唯诺诺，而是把自己的不同见解恰到好处地向上司表明。

当你想要向上司提建议时，尽量用暗示的方式去说，而不要当面与上司交涉，要给上司留下足够的余地。

在第二次世界大战期间，斯大林在军事上最倚重的人有两个：一个是军事天才朱可夫，另一个则是苏军大本营的总参谋长华西列夫斯基。

斯大林在晚年逐渐变得独裁，“唯我独尊”的个性使他不能允许世界上有人比他更高明，因此他更难以接受下属的不同意见。

在第二次世界大战期间，斯大林的这种过分的“自我尊严感”曾使红军大吃苦头，遭到不可避免的巨大损失和重创。而一度提出正确建议的朱可夫曾被斯大林一怒之下赶出了大本营，但有一人例外，他就是华西列夫斯基。他能使斯大林在不知不觉中采纳他正确的作战计划，从而发挥着杰出的作用。

华西列夫斯基的进言妙招之一便是潜移默化地在休息中施加影响。在斯大林的办公室里，华西列夫斯基喜欢同斯大林“闲聊”，并且往往还会“不经意”地“顺便”说说军事问题，既非郑重其事地大谈特谈，讲的内容也不是头头是道。

但奇妙的是，等华西列夫斯基走后，斯大林往往会想到一个好计划。过不了多久，斯大林就会在军事会议上宣布这一计划。

于是大家都纷纷称赞斯大林的深谋远虑，但只有斯大林和华西列夫斯基心里最清楚，谁是真正的发起者。

正是在这些闲聊中，华西列夫斯基用自己的思想启发了斯大林的思想，以致斯大林本人也认为这些好主意正是他自己想出来的。但不管怎样，从效果上看，华西列夫斯基达到了他的目的，使他的建议能够被斯大林所采纳，并成为斯大林最为倚重的人之一。

有些问题是应该由上级来处理的。事实上，如果这些问题不让他来处理的话，他会很恼火。因为，这些涉及权力或会产生纠葛的事情是与你不相干的。

也有些问题在你的职责范围之内，而你又非常希望得到他的帮助，当你真的要向上级提出这种问题时，最好向他征求建议，而不要恳求解决方法。

与其说“某某公司不愿付最后一笔货款”，然后等他说应该怎么办，你还不如说：“我没有办法让某某公司支付最后一笔货款。如果您有什么建议的话，我将十分感谢。”

这种方法能诱使上级做出积极的反应，因为你不是要他承担责任，只是想获得他的知识和专长罢了。但是，这种方法也有其局限性。如果你连续不断地要上级提出建议，他很快会感到厌倦，而且，他很可能对你也会感到不耐烦。所以，如果问题确实是你自己的，最好的办法是将它留给自己，并且自己去解决它。

具体说来，以下几种不同的情况要区别对待，并且采取不同的方法才能达到你的目的。

当上司的决策出现明显的错误时，可采用以下方法使之改正：

（1）让上司自己动摇信心。例如可以说：“您真敢冒险！”或者说：“哇！您真是勇敢。”语气里带上点怀疑，比直说“你的计划太冒险”要好得多。

（2）不要怪上司而要怪客观原因。例如：“要不是形势变化太快，您的计划一定会大获成功。”

（3）表面恭维，暗中出招。跟上司说：“换成我还真想不出您的办法来，我原来想……”表面上说上司比你聪明，经验丰富，实际上达到说出你自己想法的目的，上司听了也许会动心。

（4）询问上司还有没有别的办法。或许上司会反问你有什么想法，也可能上司会产生一些新的构想，而看起来，这一切也是他想出来的。

（5）请上司把他的想法解释一下。在解释的过程中，他可能不必等你提出来，自己就察觉有漏洞。

（6）采用假设性暗示。例如“如果这种产品销路不好怎么办？”这种表达比较委婉，又能使上司重新考虑。

当上司对你心怀疑虑时，你不妨也用暗示的方式去试探一下：

（1）把握好提出问题的时机。别在他忙得焦头烂额、心情懊丧的时候接近他，最好是在有你参与的某项工作接近成功，大家都心情轻松，在一起聊天的时候提出来。

（2）要讲究提问的技巧。例如问他“还需要我做什么事”，或者“还有什么要我补充”。从上司的回答可以看出他对你的评价。

（3）不要专门和上司谈这个问题，这样会让上司觉得不自在。很多上司很讨厌受批评。

（4）学会察言观色。如果上司总是对你冷淡、不耐烦，而对别人却不是这样，显然他是对你不满意。在这种情况下，除非你立下大功，否则不要问上司对你如何评价。

当你对上司的工作有所思考并形成建议时，可以这样对他善意提醒：

（1）要先试风向，如果发现上司表现出防卫姿态，最好赶快改变话题。

（2）要逐级反映你的意见，越级抱怨会减少你说话的分量，减少别人对你的信任。

（3）提出批评的每句话都要有根据，否则上司会认为你无中生有。

（4）指责上司的错误，同时要给他提供如何处理才更好的建议。

（5）提出困难向上司求助，好让他自己察觉哪里出了问题，或许你不指出来，他就已经体察到了你的难处了。

（6）批评的目的是为了改善工作，因此问题解决了，功劳归于上司，你才能永处顺境。

永远没有“意见”，只有“建议”

面对来自上级的压力，总有一些话如鲠在喉，不吐不快。此时此刻，你将怎么做？如何向上级提意见？

聪明人在汇报工作时，会绝口不提“意见”，或者淡化自己的“意见”，而是换用“建议”这个词，而且善于把自己的“意见”转换、包装成“建议”提出来。具体的技巧有：

1.选择时机提意见。

在适当的时候向你的上司提几点“建议”，它不仅包括了你所要提出的意见，而且指出了解决问题的方案。注意以下几个问题，它们直接影响建议的效果：

（1）选择适当的时机。这里主要照顾到你的上司的心情。请记住他也是个普通人，当公务缠身、诸事繁杂时，他未必有很好的耐心随时倾听你的建议——尽管它们极具建设性。

（2）关注对方，恰当举例。谈话时应密切注意对方的反应，通过他的表情及身体语言所传达的信息，迅速判断他是否接受了你的观点，并视需要而适当地举例说明，以增强说服力。

（3）态度诚恳，言语适度。注意说话的态度和敬语的运用，恰到好处地表达出你的意思，由于你的坦率和诚意，即使对方不完全赞同你的观点，也不会影响到他对你个人的看法。

2. 限用一分钟发表。

如果你向上司提意见的话，你认为多长时间比较合适？

上司一般来说都对长的意见感到不耐烦。如果能在1分钟内说完你的意见，他就会觉得很愉快，而且如果觉得“有理”，也比较容易接受。反之，倘若他不赞同你的意见，你也不会浪费他太多的时间，他会为此感谢你。

如果想再具体界定一下的话，那么最好将你的语速保持在每分钟300个字的标准，比这个标准慢就显得过于缓慢。

3. 否定也是意见的附属品。

向上司提意见，如果马上获得认可，事情就很简单。不过，一般而言，不认可的情况比较多。毕竟提意见的对象是你的上司，是否接受你的意见他当然需要慎重考虑。

当意见被“我不赞成”或“这不合适”等驳回时，有些人往往心灰意冷。其实，因为一两次的意见被否决就责难上司，而放弃自己的努力是一种非常愚蠢的做法。向上司提意见应该抱着“否定也是意见的附属品”的合理想法，要勇于碰壁。当然仅仅做到这一点还是不够的，还应该在你提意见的内容上、方式方法上下功夫。

首先在内容上，既然是提意见，就必须言之有据。不仅要把自己的意见表达出来，还要以大量的数据材料为依据，使意见站得住脚，否则一旦让上司问倒了，就容易造成信口开河的负面影响。

其次，意见的内容没问题了，还要注意提意见的方式方法。向上司提意见本非坏事，但如果过于“热心”，会使自己“冲”过头，上司必定会认准你是个麻烦制造者，不会接受你的意见。此时，你切记不要自作主张而忽视了上司周遭的人际环境以及时间安排。

“企望往高处爬的人，应该踩着谦虚的梯子。”这是莎士比亚的名言。想使自己提出的意见得到上司的尊重和认可，最好把这句话牢记心头。

4. 兼并上司的立场。

李先生是一家比较知名的网企的总经理助理。他的顶头上司王总是搞学术、技术出身的，由于工作重点长期落在研究开发领域，因此对企业管理一知半解。出于对技术的钟情与依恋，王总直接插手技术部门的事，把管理的层级体系搞得乱七八糟。其他部门虽然表面上敢怒不敢言，但私下里无不怨声载道，这让李先生与其他部门沟通协调时感到十分吃力。

经过思考，李先生决定采用兼并策略，再次向王总谏言。

他对王总说，真正意义上的领导权威包含着技术权威和管理权威两个层面，王总的技术权威牢固树立，而管理权威则有些薄弱，亟待加强。王总听后，若有所思。

李先生巧妙地兼并了王总的立场，结果获得了成功。后来，王总果然越来越多地把时间用在人事、营销和财务的管理上，企业的不稳定因素得到控制，公司运营进入了高速发展状态，李先生的各项工作也顺风顺水，渐入佳境。

从李先生的经历，我们可以得到很好的启发：兼并上司的立场，的确不失为向上司提意见的上等策略。首先，它没有排斥上司的观点，而是站在上司的立场上，最终是为了维护上司的权威，出发点是善意的；其次，这种策略是一种温和的方式，能够充分照顾上司的自尊，易于被上司接受，效率较高；另外，它需要很强的综合能力，需要很高的修养，并非轻而易举地就能够针对不同情况，不断提出有效率的兼并上司立场的意见。久而久之，自己个人的领导能力亦会顺势而长，甚至来一个飞速提升。

5.让上司在多项建议中做出选择。

与重要人物打交道，最重要的问题上，努力向他们提供许多可能性以便他们选择，而不是提出一个特定的政策或是特定的行动方针。精心地列举各种可能性，列出每个可行的方案并且认真地写下它们所有的优点和缺点，但绝对禁止自己只推荐其中的任何一个。

6.把自己的建议变成对方的建议。

这是劝说别人的最高技巧。以一种请教的口吻提出建议：例如“赵总，不知道这个想法是否……您不觉得这样做还有什么不妥吗……我们是不是这样……”就这样，把自己的思想不露痕迹地传入赵总的大脑，使他从自己的角度考虑这些计划，加以完善并付诸实施。

7.注意提建议的各种忌讳。

为了使自己的建议得到上司的采纳，不可抱着改变对方主意的心情和他争论，也不要试图去“赢”这场争吵，只要陈述自己的观点就可以了，但也不应该让人感到你在说教。

8.强调共同之处。

差不多任何争执，都有某些双方同意的见解，应该强调这些共同之处；如果过分强调分歧的意见，必然使对方不服。在你不同意对方的意见之前，必须要先了解对方的立场，以求没有误解对方的意思。不过，在未澄清之前，切忌假定意见已有分歧。在表达意见的时候，要具有选择性，如果在一切事情上都挑剔，对方很快就不愿听你的了。

9.做好准备工作。

对改进工作的建议，如果只凭嘴讲，是没有太大说服力的。但如果事先收集整理好有关数据和资料，做成书面材料，借助视觉力量，就会加强说服力。上司对于你的方案提出疑问，如果你事先毫无准备，吞吞吐吐，前言不搭后语，自相矛盾，当然不能说服上司。因此，还应事先设想上司会提什么问题，自己该如何回答。

10.带着自信去见领导。

我们已经知道，在与人交谈的时候，一个人的语言和肢体语言所传达的信息各占50%。一个人若是对自己的计划和建议充满信心，那么他无论面对的是谁，都会表情自然；反之，如果他对自己的提议缺乏必要的信心，也会在言谈举止上有所流露。试想一下，如果你的下属表情紧张、局促不安地对你说：“经理，我们对这个项目有信心。”你会不会相信他？你肯定会说，我从他的肢体语言上读到了“不自信”这三个字，我不太敢相信他的建议是可信任的。同样道理，在你面对自己的上司时，要学会用你的自信去感染上司，征服上司。

拒绝领导时，不伤领导自尊

领导委托你做某事时，你要善于考虑，这件事自己是否能胜任？是否违背自己的良心？然后再做决定。如果只是为了一时的情面，即使是无法做到的事也接受下来，这种人的心似乎太软。你自觉实在是做不到的事，就应明确地表明态度，说：“对不起！我不能接受。”这才是真正有勇气的人。否则，你就会误大事。

领导所说的话有违常理，你可以恰当地表示反对意见，这才是保护自己之道。假使领导欲强迫你接受无理的难题或不恰当的事，你应该表示拒绝。

此外，限于能力，无论如何努力都做不到的事，也应拒绝。但是这有一个前提，即是否真的做不到，切不可因不自信而不敢接受。

当然，拒绝更要讲究方法，采用什么办法才能让上司接受，这里面也是很有学问的。

1. 触类相喻，委婉说“不”。

当领导提出一件让你难以做到的事时，如果你直接答复做不到，可能会让领导损失颜面。这时，你不妨说出一件与此类似的事情，让领导自觉问题有难度，而自动放弃这个要求。

2. 利用群体的力量掩饰自己说“不”。

例如，你被上司要求做某一件事时，其实很想拒绝，可是又说不出来，这时候，你不妨拜托其他两位同事，和你一起到上司那里去。这并非所谓的三人战术，而是依靠群体替你做掩护来说“不”。

首先，商量好谁是赞成的那一方，谁是反对的那一方，然后在上司面前争论。等到争论过一会儿后，你再出面轻轻地说：“原来如此，那可能太牵强了。”然后靠向反对的那一方。

这样一来，你可以不必直接向上司说“不”，就能表明自己的态度。这种方法会给人“你们是经过激烈讨论后，绞尽脑汁才下结论”的印象。而包含上司在内的全体人士，都不会有哪一方受到伤害的感觉，从而上司会很自然地自动放弃对你的命令。

3.提醒法。

有时候领导发出不恰当的指令，可能是由于他不了解不熟悉某方面的情况，也有可能是领导一时遗忘了。如果你适当地提醒他，让领导认识到了，通常领导都会收回或修正他的指令。当然，提醒并不是埋怨，也不是直来直去的硬邦邦的批评。提醒领导同样需要会说，忠言顺耳更容易被领导接受。

4.暗示法。

接到来自领导的不恰当的指令时，你觉得不能执行或无法执行，可以先给领导以某种暗示，让其明白自己的指令不恰当。有些指令不恰当，不是因为领导素质差、水平低，而是因为考虑得不够周全，或者是领导只看到了事物的表象，没看到事物的本质。这时，也许只要你稍加暗示，他就可能会马上意识到。

5.推辞法。

推辞也是针对领导不恰当的指令的一种拒绝办法。当然，推辞要有理由，有的可从职责范围上提出，有的可从个人的特殊情况上提出。但不管从哪一方面提出，理由都一定要真实和充分。

6.拖延法。

有时候，领导会心血来潮地发出一些可能会造成不良后果的指令，并要求你去执行。如果你唯命是从、马上付诸行动的话，很可能会铸成过错。对于这种指令，如果你的暗示或提醒都不起作用，推辞也找不到合适的理由时，最好的对策就是拖延。当你拖延了一段时间后，领导的头脑恢复了冷静，或许他就会对此有一个新的认识，从而收回指令，或者让这份指令以不了了之而告终。

第8章

聪明人打拼职场的11句口头禅

有道是“良言一句三冬暖，恶语伤人六月寒。”人在职场，做人做事全凭一张嘴。聪明人能够把大小事情都做得滴水不漏，关键是靠嘴皮子功夫。常说一些正确的职场话，你就能与上司“亲密接触”，与同事和平共处，与下属同心同德，与客户沟通无障碍。

“感谢领导的栽培”

很多人在讲到自己的成绩时，会先说上一段套话：“在领导的指导下，在大家的帮助下……”这段套话虽然没什么新意，却有很大的妙用：显示出你对领导的赞美，表明你对领导的尊重。不信你留心观察，职场里混得好的人一定常把这句话挂在嘴边。

相反的，如果员工在得奖大会上，只知道大谈自己的努力与艰辛，丝毫不提及领导的帮助，那么，领导会觉得成绩都是下属的，感觉自己受到了冷落，很没面子。

聪明人在自己立了功时，总是不忘赞美领导的指导有方，让领导分享成功的快乐。事实上，这种分享不但不会损失他的既得利益，而且会有助于领导进一步重用他。

在我国古代的官场中，有很多大臣乐于把功劳归于领导的指示的故事。

汉朝时，汉宣帝听说龚遂是一名能干的官吏，便派年已七十的他出任渤海太守。当时，渤海一带由于连年天灾人祸，百姓流离失所，经常有聚众造反的事件发生。

龚遂到任后，鼓励百姓从事农桑，并减轻百姓的负担，让百姓休养生息。他要求农家每人都要种一株榆树、一百棵茭白、五十棵葱、一畦韭菜，养两口母猪、五只鸡，以扩大食品的供给；并劝那些游侠和剑客回家务农。几年后，渤海一带的农民生活大有改观，百姓生活温饱有余。

龚遂治理渤海有功，汉宣帝宣旨令他回朝，加以褒奖。

龚遂手下有一个姓王的属吏，平时以喝酒为乐，又经常说大话。他听说龚遂要回朝受赏，就请求同往。随行的人纷纷反对，龚遂看王先生非常执着，就同意了。到长安后，王先生听说龚遂要去见皇帝，便问龚遂："如果皇上问你怎么治理渤海的，你怎么回答呢？"龚遂说："我就实话实说，要人尽其材，严格执法呀！"王先生一听，连连摇头说："这不行。你这样说无异于是夸奖自己治理有功，而忽略了皇恩。你要把功劳归于皇帝，说是皇上的天威，让四方的百姓受到了感化。"

龚遂接受了王先生的建议，把功劳都送给皇帝。汉宣帝听后非常高兴，重赏了龚遂。

龚遂在汇报成绩前，本想把自己治理渤海的经验说出来，但后来还是接受了王先生的建议。龚遂前后做法的差异就在于，他开始的想法是彰显自己的功劳，而后来的做法是赞扬皇帝的威望。正是这前后的差异，让龚遂得到了汉宣帝的赏赐，仕途之路更广阔了。

职场如官场，也有层次分明的上下级观念。有的下属做出出色的成绩时就翘起尾巴享受成功带来的快乐，却忽视了对领导的赞美，这时领导便会觉得下属居功自傲。要知道，很多时候，领导要的并不是下属的功劳，也不会把下属的功劳归为己有，领导要的只是下属尊重自己，在遇到好事时想着自己的一种态度。这种态度会让领导觉得自己的栽培和重用是有价值、有回报的，是能够得到员工认同和尊重的。

当你取得成绩时，将赞美奉献给领导，让领导感受到满足。这样领导就会在得到荣誉的同时，给你更多的信任和支持，也会提供给你更多的建功立业的机会。这样，你的职业前途就会一片光明。

《孙子兵法》有云："知己知彼，百战不殆。"称赞领导之前要摸透领导的具体情况，因人而赞。无论如何，上司也是人，不是神，也有七情六欲、喜怒哀乐，也有脾气、偏好、坏毛病，有人情世故、家常琐事，这就决定了不同的上司会有不同的性格特点。

多给领导们"相相面"，看看领导属于哪种类型，是哪种工作风格，有什么特别的爱好与特点。"横吹笛子竖吹箫"，摸清了领导的工作特点，才能在赞美时把话说得恰到好处，让领导乐于接纳。

1.面对"知己"型的领导，赞美的关键是要贴心。

人们常说"棋逢对手，将遇良材"。可见，好下属遇到好上司，是上下级关系中最融洽、最般配、最令人羡慕的事情。中国历代有很多上司与下属的最佳搭档——周武王与姜子牙，刘邦与萧何，刘备与诸葛亮，他们都以友情加事业的形式向后人展示了上下级相处的艺术。对于下级而言，这些领导，都是"知己"型领导。

"知己"型的领导与下属之间不需要太多的客套和虚礼，因为他们志趣相投，彼此互相了解。所以下属赞美这类上司时，关键是要贴心，先懂得上司最需要的，然后以他喜欢的方式来赞美。

2.面对理智型的领导，赞美时要有理有据，切忌夸夸其谈。

理智型的领导有他与生俱来的权威和严肃感，让下属觉得不可亲近。他们看问题客观而深刻，擅长分析事物的本质，直指事情的核心。所以，在面对理智型的领导时，切忌打马虎眼。说话要有逻辑性，不能颠三倒四，模棱两可。

理智型的领导看问题很客观，如果下属以大话、虚假之词来赞美他，他不但不会被糊弄，反而会产生反感。所以，在赞美理智型的领导时，一定要说得有理有据，把你欣赏他的理由、事情具体地说出来，并注意把握好赞美的分寸，这样，领导在听到赞美时才会接受，而不至于怀疑下属别有所图。

3.面对“工作狂”型领导，最好的赞美就是跟上他的步伐。

“工作狂”型领导往往把自己的全部时间和精力都投入到工作中，在他们的眼里，忙碌和奋斗是对工作的最佳诠释。因为热衷于工作，他们希望下属也和他们一样，以高度的热情和疯狂的努力对待工作。

对“工作狂”型领导，赞美的话不用说太多，重要的是要跟上他的步伐，给他实质性的帮助。“工作狂”的重心在工作，眼睛盯着的也是工作，当你全力以赴地支持他的工作时，便是无形中对他的赞美了。

4.面对爱听好话的领导，不要吝惜你的赞美。

有的领导天生爱听好话，喜欢在别人的赞美声中来肯定自己。面对这样的领导，下属一定不要吝惜你的赞美，也不要厚不起脸皮。只要是领导需要的，只要是不违背做人原则的，只要是于整体利益无损害的，你就大胆地捧他，大方地赞他。

什么样的领导，便需要什么样的下属。下属可以选择对待领导的方法和技巧，却很难改变领导本身的好恶。所以，在与领导相处时，要尽量根据领导的处事方式来调整自己的言行。根据领导的不同性格和工作方式进行赞美，这样才能把话说到点子上，说到领导的心坎上。

职场中人要多说“感谢领导栽培”这样的好话。赞扬不等于奉承，欣赏不等于谄媚。赞扬与欣赏顶头上司的某个特点，就意味着肯定这个特点。只要是优点，是长处，对集体有利，便可毫无顾忌地表示赞美之情。顶头上司也是人，也需要从别人的评价中了解自己的成就及自己在别人心目中的地位。当受到称赞时，他的自尊心会得到满足，并对称赞者产生好感。下属喜欢顶头上司，顶头上司自然也喜欢下属，这是人际吸引中相悦作用的结果。所以，不管明里暗里，你多说几句上司的好话，传到他耳朵里之后都会变成你“官运亨通”的加速器。

“我立刻去办”

“我立刻去办。”如果这是你对老板所有指令的回答，那么你的老板一定会希望你永远留在他的公司效力，并且愿意为此付出高额的报酬。“我立刻去办”，是最有责任感的态度，能够使吩咐你去办事的上司觉得他无须再为此事挂虑，因为你很快就会为他搞定。如果你的回答支支吾吾，好像完全不知道应该怎样去处理，看到你这副模样，想必你的老板即使把事情交给你做也不会太放心。

食人俸禄，本该为人分忧，一个不能让老板省心的下属怎么会让他感到满意呢？聪明人就要事事给上司一个干脆明确的答复——“我立刻去办”。

职场中，上司永远需要那种想尽办法完成任务，不为失败找借口的下属。一家全球500强公司的CEO，说过这样一句话：“对于没有借口、专注于执行的人，我愿意付给他想要的待遇。”如果你想在职场大展宏图，得到上司的赏识和提拔，先要记住四个字：没有借口。

没有借口体现的是一种服从、诚实的态度，一种负责、敬业的精神，一种完善的执行能力。西点军校有一个广为流传的优良传统，就是遇到军官问话，只有四种回答：“报告长官，是”“报告长官，不是”“报告长官，不知道”和“报告长官，没有任何借口”。除此之外，不能多说一个字。没有任何借口，应该是每个员工的工作准则。

完美无缺地执行老板的命令，竭尽全力让工作完成到最好，这样不但能够赢得老板的赏识，成为你加薪晋升的砝码，更重要的是能够锻炼你克服困难的能力。在一次又一次“看似不可能”的任务执行过程中，你逐步学会与人沟通交流，主动寻找解决问题的途径，无形中你的思路就开阔了，口才也得到了提升。

可惜，很多人不明白这个道理，总在找各种各样的借口为自己办事不力开脱：

“那个客户太挑剔了，我真的无法说服他。”

“我没有在规定的时间里把事情做完，是因为同事的不配合，还有……”

“天哪！我压根就没学过这些东西。”

不要给自己找借口，借口像空气一样无处不在，只要想找，顺手拈来。聪明人能够在众多的打工者中胜出，重要的一点就是全力执行，不找借口。没有任何借口地去完成上司交代的工作是职场人基本的工作准则。台湾的证严法师说过这样一句话：“做，就是对的！不做就永远是错的！”是的，做了虽然不一定能成功，但是不去做，就连成功的可能性都没有！

一名优秀的员工只会接受任务马上去执行，而不会去问该如何做，更不会给自己找借口推三阻四。

美西战争中，美国总统想与隐藏在崇山峻岭中的西班牙反抗首领加西亚取得联系。当时没有人知道加西亚将军藏身何处，有人说只有罗文才能找到，于是总统找来上校罗文并交给他一封信。罗文没有问“他在哪里”就上路了。因为他知道这就是任务，没有人知道方法，方法只有在克服重重困难的时候自己去发现，并用这些方法完成任务。

老板器重的就是这种任务完成得好的人。任务是老板给的，方法是自己找的，结果才是老板想要的。如果你想询问老板解决方法，那么有你和没有你是一回事。要想得到老板的器重，你只有全力以赴，把“信送给加西亚”，同时别忘了把“回信”带回来。如果没能将“回信”带回来，也千万别找借口。

聪明人的“全力执行”一般从以下几个方面着手：

1.不要拖延，立刻行动。

成功者通常都是马上行动，而失败者却是明天再做，后天再做。今天好累，先睡个觉，休息一下，喝杯咖啡，资料还没有整理好，总之失败者总是帮自己找一堆借口。实际上借口与成功无缘。接到任务后要迅速准确及时地完成，给上司的好印象是金钱买不到的。

2.制订计划，完成任务。

把新的任务和项目纳入计划，即使是五分钟内就能完成的事情，也要罗列出来。越是复杂的任务越要厘清头绪、分出步骤，这样执行起来才不至于眉毛胡子一把抓。很多任务其实不难，但是，如果你三天打鱼两天晒网，或者像个没头苍蝇似的胡乱处理，就事倍功半了。

3.分清主次，不求完美。

完美主义者总想把所有的事情都做得尽善尽美，但根本无法分辨哪件事更重要。于是往往变得固执于细节，力图掌握住工作中的方方面面，而忽略了工作的进度，直到最后一分钟来临，才知道工作又一次滞后了。

4.用上一切力量。

有个小男孩在路边玩挖坑的游戏，可是泥土里出现了一块大石头，他怎么挖都挖不动，急得哇哇大哭。他爸爸过来问："你为什么不用上所有的力量？"男孩委屈地说："我已经用了所有的力量。"爸爸说："不对，你没请我帮忙。"说完，几下就把大石头弄走了。这个故事告诉我们，自身的力量是非常有限的，你自己不能完成的时候，一定要想方设法动员一切可以动员的力量来帮忙，人力、物力、财力都是可以借的。只要你能给老板一个满意的答复，这个努力就值得！

5.临危不惧，保持冷静。

如果你遇到事情就慌了，那还谈什么解决问题、执行任务？所以，不管面对什么困难，身处何种困境，你都要学会泰然处之，这样一来你就取得了心理优势。老板和客户不仅钦佩那些面对危机声色不变的人，更欣赏能妥善解决问题的人。

"我错了"

"我错了。"短短的一句话包括三个含义：认错，承担责任，为领导背黑锅。聪明人要认真领会。

认错很好理解，人非圣贤孰能无过？工作中犯了错误，别等领导找你，你要主动承认。认错是好事，说明你发现了缺点和不足，改正之后下次不犯，这就是好同志。要知道，很多人还就喜欢别人指出自己的缺点呢！卢克曼是培素登公司的总裁，每年花一百万美元资助鲍勃霍伯的节目。但是他从来不看那些称赞这个节目的信件，却坚持要看那些批评的信件。他知道他可以从那些信里学到很多东西。福特公司的管理者们也经常变着花样向员工征求意见，让他们指出公司在管理和业务方面有什么样的缺点，请他们来批评公司。

由此可见，批评对于改进自身是极其有用的，别人的批评可以显示出我们目前的位置，并督促我们奋进。聪明人要积极认错，以平和的心态去接受别人的批评，正视别人的批评，在工作中不断地完善自己。

退一步讲，如果领导特别点名批评到你了，你还应该有几分“窃喜”：至少说明领导知道你这个人，知道你在做什么，对你的工作有所关注。松下幸之助在“骂”员工的时候就经常说：“骂你是为你好！”所以，大胆地说出“我错了”是聪明之举。

至于承担责任，更是聪明人责无旁贷的事情。你的职位越高，承担的责任就越大。当你是个普通小职员的时候你只需要对自己负责，做好自己手边的事；当你成为一名管理者，手下有人了，你就得对整个团队负责，关注团队业绩。兄弟们跟你是为了“有肉吃”，你由于疏忽造成失误，给企业造成损失，给手下人造成损失，不表示一下能行吗？

当代最优秀的CEO、GE公司前掌门人杰克·韦尔奇堪称市场经济下的奇人，可是他在获得了巨大成功之后依然说：“对于我们的企业现在处于什么地位，我全然没有把握。”即便是世界顶尖的管理大师，面对“责任”二字，也不敢拍着胸脯打包票。因为他深知，金无足赤，人无完人，每个人都免不了会犯错误，特别是在瞬息万变的商海，没有谁能够一帆风顺。关键的问题是，犯了错误之后应该采取什么样的态度和措施。

认错，并且善于从错误中总结教训，是聪明人承担责任的最重要的表现。英特尔公司的CEO格罗夫曾经说："我们所有处于管理岗位上的人，无论男女老少，都担心一旦犯错误，就会毁掉自己千辛万苦赢得的尊敬。但事实上，承认错误是力量、成熟和正直的标志。"

最后，聪明人还要在适当的时候把上司的错误揽到自己头上来，这叫"背黑锅"。上司出了疏忽和漏洞，聪明的下属就应该主动出击，帮助上司更改差错，往自己身上揽些责任。无论哪个上司都喜欢给自己补台的人，如果你在关键时刻给上司"擦了屁股"，不仅不会承担实际责任，还可能得到上司的提拔重用。

几年前，刘华从某名牌大学毕业分到一家保健品厂。由于刘华学历高、办事利索，很快就从车间技术员调到保健品厂研究所。没几年，又从一名普通研究员晋升为研究所办公室副主任。刚过而立之年的刘华就当上了办公室副主任，真可谓一帆风顺。

有一次，研究所经认真研究、论证，出台了一套改革方案，这套工艺流程在所长的亲自主持下完成，刘华也参与其中。工程投入运行的时候，由于在设计工艺流程时出现了一个小差错，整套方案全部"泡汤"。由于浪费了大量的人力、财力，上级主管部门的领导非常恼火，亲自跑到研究所来追究责任。

大会上，大家你看看我，我看看你，一言不发，因为大家清楚，主要问题出在所长那里，其他人不过是具体执行的，所有的设计都是按照所长的意思进行的。如今出了问题，大家当然不愿意把责任往自己怀里揽。所长不出来主动承担责任，谁也不敢主动揭发。就在这时刘华说话了："这套方案的失败，我负有不可推卸的责任。我愿意承担责任，主动请求调到其他部门。"主管领导见有人站出来，就把所有的火都发到了他头上，劈头盖脸地把刘华训了一通。大家都在心里怪他爱管闲事，自找苦吃。可所长却对刘华的举动非常赞赏，他暗暗记住了这个年轻人。

半年过去了，大家都将这件事慢慢地淡忘了。这个时候，刘华又突然春风满面地回来了，而且还去掉了主任前的那个"副"字。

刘华的聪明就在于勇于做那"丢车保帅"的"车"，对这样忠心耿耿的下属，上司当然不会亏待，当然是要提拔重用。上司明白，如果不重赏这样的下属，下次出了纰漏又有谁会自愿献身呢?

说句寒碜话，成为上司心腹的机会并不多，"背黑锅"就是一个绝佳机会。一些部门里的基层职员最大的缺点就是没有经验，最怕的事情就是被人误解。他们一见出了乱子，都本着"为自己找保护伞"的原则，把所有过错都往上司那里推，生怕会在更高级的上司面前失去信任。但是他们忘记了，上司他也有上司呀，他也害怕呀。如果你能帮他挡一挡，他怎么会亏待你？从这个角度来说，适当地为上司承担责任很重要。

简单的一句"我错了"，如果觉得分量不够，再加一句"这都是我的疏忽，下次不会再犯了"，就足以赢得老板的信任——

至少他知道你的态度是很端正的，是知道分寸的。你不用涕泪横流，无须捶胸顿足，说出这句话，就足以“表决心”了。

“荣誉是大家的”

21世纪什么词最火？团队。过去我们叫“组织”，现在时髦叫“团队”，本质上都一样，就是大伙团结起来靠合力做事情。一个巴掌拍不响，一棵树站不成大森林，谁想做点事都得靠大伙的帮助。这个道理职场人想必都明白，问题在于，事成之后的功劳怎么算？活儿是大家干的，功劳你一个人独吞，那你真是没前途了。聪明人经常挂在嘴边的一句话是：“荣誉是大家的，功劳是大家的。”

理论上说，“合作”是个充满温情的词汇，它背后总是跟着和平、胜利、平等、富足。可是事实告诉我们，这种乌托邦永远不可能实现，几万人造反，最后当皇帝的只能是一个人，那怎么办？封赏。那些大臣们看中的真的是皇帝给的几亩地和金银细软吗？不对。他们要的是个“名分”，一个什么“侯”，一个什么“王”，代表着荣誉和尊严，一件黄马褂换不成金子，人们却都把它看得比金子还贵重，原因也是“面子问题”。

所以，但凡手底下有几个人的聪明人，都要把这句话挂在嘴边。上级领导来视察工作了，夸奖工作开展得好了，任务完成得漂亮了，你要当着大家的面，大声说：“是领导栽培得好啊。

功劳是大家的。”关键时刻轮不到你邀功——除非你不想继续混了。

什么是同事？顾名思义，就是一起做事的人。人之所以成为同事，就是为了完成共同的事，假如事情完成得不好，那叫事故；事情完成得好，那就成了事业。可见，同事对一个人是多么重要。对大部分现代人来说，世界上最好的合作者是一个好同事，比一个好同事更好的合作者是有一群好同事。

毫不夸张地说，遇到一个好同事比娶个好太太更重要。很多伟大人物婚姻并不美满，但他们无一例外都有好同事。刘备可以没有孙夫人，但若没有诸葛亮，想三分天下无异于白日做梦；约克在曼联威风得不行，因为他身后有贝克汉姆、吉格斯的强大火力支持，还是这个约克，一回到特立尼达和多巴哥国家队就碌碌无为，没别的，就是因为孤掌难鸣。所谓“三个臭皮匠，顶个诸葛亮”。优秀的同事就像撑杆，让你跃过不可能的高度；就像3D加速卡，让你事业的画面更加生动流畅。

因此，同事的帮助绝不是可有可无的。“一个篱笆三个桩，一个好汉三个帮”，良好的同事关系是你的事业不可缺少的根据地。经营不好根据地，向外发展纯粹是奢谈。很难想象一个在同事中间孤立无援的人，能够把工作做得出色，得人心者得天下，得同事者得事业。

而当自己所在部门取得了成绩，公司论功行赏之际，也不要过分为自己评功争好，更不要因此而与上司、同事发生争执或其他不愉快的事，要低调、礼让。

2008年5月，许沫应聘到汉口某医药公司做企划。他虽初来乍到，但因策划经验丰富，很受总经理赏识，所以薪水定得较高，这让策划部主管李祥心有不甘。工作中，李祥总是有意刁难许沫，并将本该自己做的工作丢给他："许沫，这个策划案你先做一下。"因此，许沫案头的工作总是部门里最多的。对许沫做好的策划方案，李祥稍做修改后便交到总经理那里，并单署自己的名字。

由许沫代做的好几个策划，都受到了总经理的好评。看着李祥得意的样子，不少以前妒忌许沫薪水过高的同事，也开始为他打抱不平了："你也太老实了，他明摆着是在抢你的功！"许沫只是笑笑："也许他是在考验我呢？这也是一种锻炼嘛。"几个月下来，许沫的低调作风反为他赢得了好人缘。

不久，李祥正在斟酌许沫的策划案，总经理到策划部视察工作，李祥便说："他做的策划有些地方不行，我帮他看看。"总经理翻看了一下，说："我觉得很不错，要不你交一份更好的给我？"说完一脸严肃地走开了。

随后，许沫就取代李祥升任了策划部主管，总经理告诉他："你们的策划风格我很了解。我早就看出李祥的不少策划案是你原创的，但你低调处世的态度，我很欣赏。"

许沫的身上充分体现了以宽容、礼让为核心的3C精神。所谓3C，指的是Courtesy，Caring，Charming，意思是以礼相待，以诚待人，以德服人，职场上这三者缺一不可。同事之间，如果能够做到礼貌与关爱，真诚地关心尊重他人，相应地你也会得到他人的尊重与谅解。

每个聪明人都希望往上爬，问题在于你不能踩着别人的肩膀往上爬。你和团队的关系势必是“水涨船高”，借助团队的力量把自己托起来。如果你故意踩扁别人抬高自己，是很危险的。松下幸之助总结自己的经营理念时说：“当员工只有一百人时，要站在员工的最前面，用命令来指挥工作；员工增加到一千人时，就必须站到员工中间，诚恳地请求大家相助；当员工达到一万人时，只要站在员工的后面，心存感激即可；如果员工达到五万或十万时，除了感激还不够，必须双手合十，以拜佛的虔诚之心来领导他们。”

你看，老前辈都说了，团队越大，自己越要往后站，最闪亮的位置要放上一张“集体荣誉奖状”，这样才能保证你下次还能参加集体活动。

狼群最伟大的品质就是它们的团队精神，我们几乎可以将狼群的行动看成是“合作”的隐喻。狼之所以伟大，就是因为它们的团队精神。聪明人就是要奉行这种“自然偶像”的办事信念，时刻不忘自己是团队里的一员。善待团队，团队就可以成就你，保护你；亏待团队，团队就会抛弃你，毁灭你。

“道路是曲折的，前途是光明的”

毫无疑问，“道路是曲折的，前途是光明的”是用来打气的话。给老板打气，给员工们打气，也给自己打气。聪明人做事情不可能永远一帆风顺，企业的经营状况不可能永远红红火火，有高潮就会有低谷。当组织遇到困难的时候，需要人挺身而出，高喊一声：“同志们，顶住！”聪明人就要当这个振臂高呼的人。为什么？很简单，组织需要。

在一个团队中，快乐有什么作用吗？答案是肯定的。快乐的团队才会有高涨的工作热情、高效的执行力。最佳的工作效率来自于高涨的工作热情，一个对工作毫无兴趣的人不会全身心地投入工作，更不会取得理想的工作成绩。快乐工作会让人更好地发挥想象力和创造力，取得惊人的成绩。米卢这个神奇的教练带领中国男足时曾经给了我们一个“快乐足球”的口号，这在当时遭到了很多人非议，但最后他用把中国足球带进世界杯的事实证明了自己是正确的。

没错，所有的团队都需要愉快的氛围，所有的老板都需要愉快的精神状态，只有这样才能在“战火纷飞”的商战中胜出。小米加步枪为什么能够打赢国民党？主要原因之一就是“革命乐观主义精神”，那才真正是“谈笑间，樯橹灰飞烟灭”。

所以，如果你想成为传说中的聪明人，你就要培养自己的“快乐传染力”。不是恶搞，不是哗众取宠，不是无知者无畏，而是运用你的智慧给老板、企业带来活跃的氛围。这种智慧并不苛求你为老板指点迷津、为企业出谋划策，而是要你有一种制造愉悦氛围的能力。它能够让团队在企业出现危机、项目进展不顺利的时候，依然保持较高的战斗力，让愁云满面的老板脸上浮现出笑意。这就是你对企业的贡献，老板绝对不会亏待这样的人。

特别是在经济萧条、人心动荡的时期，更需要有人出来稳定大家的情绪，鼓舞士气。“快乐工作”是会传染的，特别是在团队中，一个面带微笑、积极工作的人，能够带动周围一大群人活跃起来。“快乐工作”的人会散发出健康、愉悦、进取的光芒，使团队的人际关系变得容易沟通，能让创造力发挥到极致。

李云龙需要赵政委，老板需要开心果，企业员工需要兴奋剂。交流、减压、活跃气氛是所有企业领导都需要的，能够胜任这一任务的人必定是在企业里位置最牢固的人。美国钢铁大王卡耐基曾以年薪一百万美元聘请查尔士·施瓦伯担任美国钢铁公司总经理。卡耐基为什么下这么大的本钱在施瓦伯身上？原因在于“能够鼓舞人们热忱的能力是他最大的资产，他能用欣赏和鼓励激发出人们内在的能力”。施瓦伯具有“赵政委”那种一呼百应、为所有人做通思想工作的能力，能够号召所有人为卡耐基卖力，卡耐基当然愿意给他高年薪了。如果你想在职场中站稳脚跟，掌握这样的本领是很重要的。

1978年，艾柯卡受聘到克莱斯勒汽车公司出任总经理。当时克莱斯勒濒临破产，艾柯卡要收拾的是一个烂摊子，烂到什么程度呢？在《艾柯卡自传》中他回忆道：“进克莱斯勒之前，如果我知道摆在面前的任务是如此艰巨，即使把全世界所有的钱给我，我都不干。”

但是，既来之则安之。既然已经来了，就要干出个样子来。艾柯卡走访了克莱斯勒所有的工厂，与工人进行面对面的沟通，稳定住大家的情绪，告诉他们：“艰苦的日子一旦来临，除了做个深呼吸，咬紧牙关继续前进之外，实在别无选择。”

艾柯卡还主动把自己的年薪由100万美元降到1000美元，这1000倍的差距，使艾柯卡超乎寻常的奉献精神在员工面前闪闪发光，很多员工因此感动得流泪，也都愿像艾柯卡一样，不计报酬，团结一致，自觉为公司勤奋工作。不到半年，克莱斯勒公司就奇迹般地起死回生，而艾柯卡本人在四年之后，也由总经理变成了董事会主席。

成语说：哀兵必败。将领带兵打仗，怎么带是很重要的。就算你熟读兵书，善于分析形势，如果手下的士兵情绪低落，就不可能打胜仗。所以，稳定军心，鼓舞士气，给“哀兵”打一针兴奋剂很重要。“兴奋剂”怎么打？主要可以从以下几方面入手：

1.让领导看到笑脸。

不管你什么时候面对领导，都不能哭丧着脸。你可以表现出紧张，可以表现出担忧，但是绝对不能表现出悲观。有问题解决问题，领导不会刁难你，但是如果你摆着一副臭脸，那绝对会罪加一等。还是那句话，快乐是能够传染的。让领导在你这个下属身上看到从容、平静、乐观，他在欣赏你的同时也会受到感染，心情自然就很好。

2.让领导露出笑脸。

说领导爱听的话，做他希望你做的事情，帮他解决问题，倾听他发牢骚。把“是”“对”“好”等肯定词挂在嘴边，主动让自己的意见和想法向老板那一边靠拢。再强悍的领导都是“顺毛驴”，你摸准他的喜好后，先让他露出笑脸，然后才能发表自己的意见。长此以往，你的位置也就日益牢固了。

3.在同事中间制造快乐的气氛。

让领导高兴是一个方面，如果你“鼻孔朝天”只看上面，那无疑是传统意义上遭人鄙视的“马屁精”。你要在让领导高兴的同时也让同事们高兴，多赞美，少批评；多隐忍，少发脾气；多让出功劳，少争夺利益。时间一长，就没人会对你指指点点，而会把你当成“及时雨”。

总的来说，聪明人永远要保持乐观的心态，还要让周围的人都乐观起来、振奋起来。乐观不一定能够赢，悲观却肯定会输。我们没有理由在出战之前先把自己弄个灰头土脸。事情进展得再不顺利，也要微笑着坚持到最后。通常情况下，谁能够笑到最后，谁就是赢家！

“没什么，别放在心上”

俗话说，有理走遍天下，无理寸步难行。可见人人深知没有理就很难得到大家的认同。可是，得理了，“理”在你手中了，你又会如何？

聪明人明确地告诉你：在职场里与人相处，有理也要让三分。不管对上级、平级还是下属，你都要说：“没什么，别放在心上。”这是大度的表现，这是胸襟的体现，这是“有容乃大”的涵养和修为。若是连这一点都办不到，处处睚眦必报，势必走向穷途末路。

现实生活中，经常可以看到有些领导批评别人，很有点“得理不让人”的味道，气势汹汹的，结果被批评者要么是毫不买账，言行举止反而变本加厉；要么是口服心不服，一肚子牢骚，这实在是于事无补。大家每天都在公司碰面，低头不见抬头见的，你总抓着别人小辫子不放，以后怎么相处，怎么共事？万一哪天你的短处被别人抓在手里呢？

讲理是天经地义的事情，只有以理服人才能让人接受。所以大家都讲理是一种前提，但有理也应该学会让人，在不是很原则的问题上，批评应该委婉，应该能让人容易接受，达到一种双赢的效果。

其实在工作中，真正涉及“敌我矛盾”的事少之又少，多是些“人民内部”小矛盾，不少冲突都是由于一方或双方纠缠不清或得理不让人造成的，一定要小事大闹，争个胜负，结果矛盾越闹越大，事情越搞越僵。这时应该学学“难得糊涂”的心态，在一些小事上，没有必要争得那么清楚明白，注意自己的言行，不妨糊涂一下，得理也要让三分，用宽容之心待人。“得理让人”不失为一种成功的职场生存方式。

凡事都要争个是非的做法并不可取，有时还会带来不必要的麻烦和危害。当你被别人误会或受到别人指责时，你偏要反复解释或还击，结果就有可能越描越黑，事情越闹越大。最好的解决方法是，不妨把心胸放宽一些，不必去理会，装装糊涂，睁一只眼闭一只眼，也许事情就会朝着你希望的方向发展。

对于职场人来说，办公室是办公场所，虽然人和人相处总会有摩擦，但是切记要理性处理，不要盛气凌人，非得争个你死我活才肯放手。就算你赢了，大家也会觉得你是个不给朋友留余地，不尊重他人的同事，以后也会暗地里防着你，这样你会失去真正的朋友。而且被你损害了尊严的同事，也会对你记恨在心，这样你就无意中多了一个敌人。

为此，要有话好好说，切忌把与人交谈当成辩论比赛。在办公室里与人相处要友善，说话态度要和气，即使是有了一定的级别，也不能用命令的口吻与别人说话。虽然有时候大家的意见不能够统一，但是有意见可以保留，对于那些原则性并不是很强的问题，没有必要争得你死我活。有些问题根本就不值得提出来，你也不希望大动干戈地把小分歧变成大冲突。如果一味好辩逞强，只会让同事们对你敬而远之。

同时，说话也要分场合、要有分寸，最关键的是要得体。不卑不亢的说话态度，优雅的肢体语言，活泼俏皮的幽默感，这些都属于语言的艺术。

总之，真正的聪明人都善于把精明、智慧放在心上，而不是嘴上。平日不可因追求一时的口舌之快而作意气之争，更不可因意气用事而得理不饶人，做到有理也要让同事三分。

“酒是粮食精，千万要小心”

人们常说：“酒桌上交友，酒桌下办事。”酒作为一种交际媒介，在洽谈业务、迎宾送客、聚朋会友、彼此沟通、传递友情等方面发挥着独到的作用，这一点是所有聪明人的共识，尤其是经常会客、谈生意的人。

那么，是不是聪明人必须天生好酒量？也不一定，在酒桌上你不难发现，相当多的久经考验的拒酒者，任凭你天花乱坠地劝，他就是笑眯眯地频频举杯而不饮，而且振振有词。只要嘴上功夫好，酒不但能少喝，事情还照办不误。广告不是说了吗："要干，更要肝！"本着爱惜身体留足革命本钱的原则，我们要喝最少的酒，办最多的事。

酒桌上，喝酒容易拒酒难。经常出入酒桌的人，少不了被人劝酒，酒喝多了伤身，直接拒酒，又会让劝酒的人认为你是故意不给面子，其他人也会觉得你在故意扫大家的兴。所以，聪明人都会掌握一些酒桌上的拒酒说话技巧。只有说好拒酒的话，才能和气地躲过这一关。

1.找一个大家都能接受的理由。

主人倒酒的时候，你可以主动要一些非酒类的饮料，并说明自己不饮酒的原因。

你可以用患有某种忌酒的疾病为理由。有很多疾病是要忌酒的，比如脂肪肝、高血压、心脏病等，并在拒绝的时候向对方表示歉意，这样对方就不好再强求了。你可以这样说："真对不起，我这两天有点感冒，头老是发晕，我怕再喝酒就回不了家了。等下次身体舒服了一定把这回欠下的酒补回来。"喝酒是为了交流情感和身心的愉悦，如果为了喝酒而损害了健康，那就是因小失大了。

你可以用准备生孩子等重大事情为理由。在备孕期间，男女双方是要注意少喝酒的。饮酒妨碍精子、卵子正常发育，也影响结合后发育，所以从优生优育的角度考虑，夫妻俩都要戒酒。大部分人都只生育一胎，所以非常重视。如果你以此为由，对方就不会再劝你饮酒了。

你还可以用“我要开车”“下午还要开会”“明天还要考试”等理由来躲过面前的酒。

2. 挑出对方劝酒语中的毛病。

对方劝你喝酒，一般都会找个由头，让你觉得自己应该喝下去。有一些不太高明的劝酒者，他的劝酒语中会有不少的漏洞。如果你能抓住这些漏洞，证明应该喝酒的不是你，而是对方，或者是其他人，这杯酒就能不了了之。

大多数酒宴都有一个主题，敬酒一般情况下也以年龄大小、职位高低、宾主身份为序。如果某个年轻小伙子第一杯就向你敬酒，你可以说：“今天某某是咱们的主角，你应该先敬他。”一下子就把酒锋转移了过去。

当对方的话语中有漏洞时，你也可以巧妙避开。比如，你姓黎，而一个姓李的先生以同姓为由向你敬酒，你就可以躲酒。当对方这样向你劝酒：“李先生，这一桌席上只有我们两位姓李，同姓500年前是一家，看来我们是有缘分，这杯酒你应当干掉！”你就可以抓住对方的疏漏这样拒酒：“哦，我很想陪您喝这杯酒，可是实在对不起，您可能搞错了，我是姓‘黎’，不是‘木子李’，我不知道这两个姓500年前是否也是一家？所以，您这杯酒我不能喝。”

3.引开话题，后发制人。

当对方劝酒时，你可以先不动声色，静听其言，等待时机。然后抓住对方言辞中的“突破口”，反守为攻，让对方无言争辩，从而拒酒。

小赵新婚大喜之日，当酒宴进入高潮时，某“酒仙”似醉非醉地说：“请二位上座的来宾一人‘吹’一瓶。”

面对“酒仙”的劝酒，二位来宾中的赵先生站起来说：“我想请教你一个问题，‘三人行，必有我师’，这是不是孔子的话？”

“酒仙”随即答：“是的。”

赵先生见他已入“圈套”，便说：“既然圣人说‘三人行，必有我师’，你又提出要我们二人一起喝，你现在就是我们二位最好的老师，请你先示范一瓶，怎么样？”

这突如其来的一击，直逼得“酒仙”无言以对，只好作罢。

在这次拒酒的过程中，妙就妙在赵先生不动声色，然后提出问题，悄悄布下一个“圈套”，诱使其说出与自己相似的观点，随即“收拢圈套”，以毒攻毒，达到拒酒的目的。

4.说一口流利的拒酒词。

劝酒和拒酒是语言的艺术，只要你能接上腔，对劝酒的话“兵来将挡，水来土掩”，对方也拿你没办法。比如说：“只要感情有，喝什么都是酒。”“为了不伤感情，我喝；为了不伤身体，我喝一点。”“只要心里有，茶水也当酒。”“出门前老婆有交代，少喝酒多吃菜。”这些都是“套话”，实在不行你就背下来，总能帮你抵挡一阵子的。

5.明确地告诉对方你已经过量，不能再喝。

饮酒当然应是喝好而不喝倒。作为被动者，当酒量喝到一半有余时，应向劝酒者说明情况。如：“感谢你对我的一片盛情，我原本只有二两酒量，今天因喝得格外称心，我贪了几杯，再喝就‘多’了，说不上会出什么事，还望你能体谅。”如此开脱以后，就再也不要喝了。只要劝酒者善解人意，就会见好就收。那种不顾实际的劝酒，说到底是以把人喝倒为目的，是一种低级趣味的劝酒术，是劝酒之大忌，一般劝酒者也不会那样做的。

总之，劝酒是艺术，拒酒更是艺术，聪明人要在酒桌上勇敢机智，让别人多喝，自己少喝；别人少喝，自己不喝；少喝酒，多办事。同时，也不能犯忌讳。当主人或朋友们向自己热情地敬酒时，不要东躲西藏，更不要把酒杯翻过来，或将他人所敬的酒悄悄倒在地上。桌上碰杯的时候，如果你是晚辈，对方是长辈，那你的杯子必须要低于长辈的杯子；如果你是下属，对方是老板，那你的杯子要低于老板的。

酒桌是酒量的较量，也是劝酒艺术和拒酒艺术的较量。酒桌上的胜者不仅要会喝，而且要会说。不要一个劲儿地闷头喝，而是要喝、劝、拒三者合一，既表现出热情，又控制自己的酒量。这样才能圆润交际，又不伤自身。拒酒词、拒酒的办法还有很多，要随机应变，“兵来将挡”。聪明人没有酒量，但是有智商，凭借你的机智和口才也可以在酒桌上应对周旋，游刃有余。

“这事没你办不成啊”

聪明人混在职场，主要就是借助他人之力成就自己之事，一天到晚都是跟人打交道，不会求人不行。求人办事，说话是第一道“关口”。要让对方答应尽力帮忙，就要会说话，做好语言功夫。比如说，你来一句“这事儿没你办不成啊”，一下子就把对方放在了一个非常重要的位置上，对方感受到了你的诚意，有意无意地就会产生“帮助弱者”的愿望，这时你就赢得了主动权。

可见，话说得好，你的话就能打动对方。说出有影响力的话，会让他把你要办的事当成自己的事，心甘情愿地为你去办。甚至在没有办好时，他会觉得对不起朋友，感到不好意思。如果能把话说到这个程度，你要办的事就容易办成了。

晨光小学打算修缮校舍，校长多次向上级请示，但是由于财政困难，一直都没有得到解决。万般无奈之际，校长决定向本县的化肥厂厂长求援。这位厂长一向重视教育，曾捐款五万元成立“奖教基金会”。听说最近效益不太好，校长担心赞助拉不成，所以在如何张嘴的问题上下了一番功夫。

一见面，校长就说：“颜厂长，久闻大名呀！我最近在市里开会，多次听到教育界同仁对您的称赞，实在钦佩！今天散会后，我特意前来拜访您。”

厂长一听，脸上马上露出了笑容，谦虚地说：“过奖了！过奖了！”

校长又进一步夸奖说：“颜厂长真是有远见呀！您首创了奖教基金会，起到了很大的带头作用。现在，不但咱们县的人知道您支持教育事业，连外县，甚至全国许多地方都知道您是这一活动的牵头人了。您真是名扬四海了！”

校长的一番话，说得颜厂长满心欢喜，神采飞扬。

此时，校长却悲伤地诉说起自己的“无能”和悔恨：“唉，我也想为教育做一些实事，却总是力不从心。我身为校长，明知校舍摇摇欲坠，危及师生的生命安全，却一点办法也没有。要是有人能支援一下我们学校就好了，拨两万元救助学校，就能释下我心头的重石了。可惜呀，我虽然四处奔波，却仍不见分文。”

听到这里，颜厂长立即义愤填膺：“学生和老师的安全最重要，不管怎么样，不能让他们有危险呀！”一急之下，颜厂长拍拍胸脯，慷慨地说：“校长，学校的安全要紧，你就不要再打报告求三拜四了，两万元钱我捐给你们。”校长紧紧握住颜厂长的手，表示由衷的感谢。

校长深谙求人办事的说话之道，他从颜厂长重视教育的事情说起，说到颜厂长对教育的贡献和功劳，让颜厂长听了之后感到很自豪。然后，校长才提出自己的困难。这时，颜厂长已经站在了一个支持教育的名人的角度，顿时有了同甘共苦的豪气，他甚至忘记了自己的经济困难，就直接答应帮助这个学校。

试想，如果校长一进门就请求资助，颜厂长会这么痛快地答应帮助吗？颜厂长可能也会摆出一大堆财政困难，不愿意在自己经济紧张的时候拔刀相助了。

要说动他人的心，语言功夫是很关键的。它就像酿酒需要的酒药引子，可以把开水调出酒味。在求人办事的时候，可以运用哪些求人的方法呢？老练的聪明人一般会从以下几个方面入手。

1.从对方得意的事情说起。

你说了对方的得意事，他就会格外高兴，也会变得和蔼可亲，容易接近。你再利用机会表达你的请求，对方就容易接受。从对方得意的地方说起，就如同给一个冻得瑟瑟发抖的人投去一件棉衣，会让对方迫不及待地拾起来。这样，他就容易答应你求他办的事。

对方得意的事情要从何处去探听呢？你可以看看你的朋友中，有没有与对方有交往的人，如果有的话，向他探听当然是最容易的。你还可以留心报纸或期刊上的消息，关注对方得意的事情，以便到时利用。

值得注意的是，对方先前得意的事情，是否现在已经不再对之感兴趣了？如果有这种情形，你就不要贸然提起，以免引起对方不悦。因为一般来说，对方高兴的时候，你的请求易于接受；对方不高兴的时候，虽是极平常的请求，也会遭到拒绝。

2.给对方一些“互利”的承诺。

俗话说“投之以桃，报之以李”，体现了求人办事的原则。你帮我办事，我就给你办事。在现代社会里，人们都希望得到立竿见影的效果，否则就不愿付出。在求对方办事时，对方希望你也能帮他做些事情，或者承诺他某种回报。如果了解对方的这种心理，主动提出一些承诺，他就会很痛快地帮助你。

求人办事，如果让对方觉得他与你有相同的利益，对方办事就会更主动，你要办的事也会收到更好的效果。

3.以情动人。

求人办事时，对方能不能答应你的要求，能不能全力帮助你把事情办成，关键是什么？关键就是要征服对方的心。如果他心里愿意帮你办，那么就会毫不犹豫地答应你的请求。

要征服对方的心，就要做到以情动人，让他被你的真情感动，忍不住答应你的请求。在对人提出请求时，可以融入动情的叙述。你可以讲述自己的处境，表示向他求助是不得已之举；你可以把事情办不成的凄凉后果说出来，让对方不忍心袖手旁观。你还可以通过各种情谊关系来打动对方。如果你们是朋友，你就可以用昔日的深厚友情来打动他，让他愿意“为朋友两肋插刀”；如果他是你的亲戚，你就可以动用亲戚关系来求他，让他“盛情难却”。

以情动人的关键是要打动对方的心。你不仅需要准确了解对方的内心世界，而且还要在此基础上，打动对方并进一步征服对方的心，使对方从心里信你、敬你，心甘情愿为你效力。古人云：“得人心者得天下。”如果能获得对方的心，那还有什么事他不愿帮你办呢？

不管聪明人用什么方式求人，最重要的一条是诚恳，该忍时一定要忍。“人在屋檐下，不得不低头。”如果对方说你几句你就受不了，那么就会让“求人办事”变成“为自己辩护”，你所求的事情也就很难办成了。

“你说得太对了”

谁都喜欢被肯定，这是所有人的共性。一个“好”字比“不错”要有力得多，这是汉字的艺术，更是交际口才的要诀。聪明人应该注意到这种人性的弱点，并对其加以利用，多说“你说得太对了”“你的话我当然信”“一定花费你不少心思吧”“看来你是这方面的专家啊”等表示肯定的话。不管是对上司、对同事还是对下属，这些话都会让他们如沐春风、神清气爽。他们心情好，你办事也顺利，大家好才是真的好嘛。

事实上，从正面肯定对方，就是把对方放到了一个更受期待的位置，对方在接受这种荣耀的同时，更乐意为你办事。即便他做的没你说的那么好，他也会努力去做。这是一种不露痕迹的“戴高帽”的方法，在职场里灵活运用此法，能够帮你赢得好人缘，进而打通一条办事通道。

为什么戴“高帽子”的做法在现实生活中常被人耻笑呢？为什么很多人对戴“高帽子”的做法看不惯呢？这主要是因为有的“高帽子”做得太拙劣，让人一看就觉得低俗、难以接受。这种“高帽子”违反了原则，听起来虚假，让人反感。如果“高帽子”做得精致，做得美观，让人戴着舒服，又不伤到他人，那么，对方就会乐于接受，愿意佩戴了。

要送给他人一顶漂亮、合适的“高帽子”，是大有讲究的。

“高帽子”送得好就是“赞美”和“欣赏”；送得不好，就是“阿谀”和“献媚”。给人戴“高帽子”有这么几个要点：

1.从对方的优点入手，令人信服。

戴“高帽子”用不着坚持“实事求是”的原则，却也要尽量找到奉承的由头。你必须从对方的优点入手，哪怕是很小的优点，也要给予充分的肯定，再加以适当的夸张，让对方高兴地接受下来。

2.不动声色，使人浑然不觉。

“高帽子”做得好，就要不露痕迹。送给人佩戴的时候，也要不动声色，顺势给人戴上去。比如，一位女士喜欢看文学书，你可以夸她“有气质”“有书香气息”，或许她本人并没有，但是她从内心也会认为自己耳濡目染之间已经有了，便认同你的奉承。

3.富有新意，不要陈词滥调。

“高帽子”的很大一部分魅力是“吹”出来的，它最有效力的时候便是对方听到的那一刹那。在戴“高帽子”的时候，就要有那种吸引对方、让对方兴奋的认同感。如果你的“高帽子”很有新意，就能更快地吸引对方，让对方欣然接受。

4.尺寸恰当，分量适中，正中下怀。

“高帽子”要戴得合适，一定要尺寸恰当。每一顶“高帽子”在送出时，都要经过对方的考量。如果你说得太夸张，被对方看出破绽来，他就不会接受；如果你吹嘘得不够，对方又不会动心。所以，“高帽子”一定要“吹”得恰到好处，让对方听了心花怒放。

当然，送人“高帽子”也要注意分寸。“高帽子”虽然能很快获得他人的好感，却也能对他人产生两种不同的效果——正面效应和负面效应。有的“高帽子”能使人从后进变先进，而有的“高帽子”却会使人在“恭维”和“奉承”声中沉沦下去。给人戴“高帽子”也要为对方着想，不能只顾搞好关系，而让他人误入歧途。对于他的积极面，你要肯定；对于他的不足，你也要委婉地指出，并告诉他如何进步，这样他就会从心底感激你。

如果对双方都有利，你便可以送给对方一顶大大的“高帽子”。如果对方在受到表扬、鼓励后，能发挥更大的潜力，取得更大的成绩，这样的“高帽子”戴一戴又有何妨？如果对方是一个好大喜功、文过饰非的人，给他戴“高帽子”却是有百害而无一利的。“高帽子”要戴，但不可乱戴。若对人有利，就可以大送“高帽子”；反之，就不能送。

送“高帽子”要讲究对象和分寸，如果给对方送的“高帽子”恰如其分，不但能让他高兴，而且能促进你们之间的关系，加深他对你的好感，有利于你办事。利用人性的弱点给自己办事，也是聪明人的生存技巧之一。

“我总结一下”

相信大多数人都抱怨过公司的会议太多、效率太低，浪费时间又不解决问题，所谓“发言没有不积极的，讨论没有不热烈的，会议没有不圆满的”。虽然这些话有点夸张，却也是实情。其实，领导们何尝不希望言简意赅、提纲挈领地说重点呢？谁不希望把流水账一样的会议发言变成切实可行的行动指南呢？聪明人就要在这个时候挺身而出，展一展身手。在大家都说得唾沫满天飞时，聪明人可以用一句“我总结一下”，把空谈转化为执行方案。

聪明人在做总结的时候，首先要体现出条理性。会议上的发言总是七嘴八舌的，大家各抒己见，东一榔头西一棒子，这样的话不能成为行动指南。聪明人要在众多的意见中找到重点，迅速整理、归纳出个一二三来。

如果有更高一级的领导在场，那无疑是一个大秀个人风采的机会。把一团乱麻整理成条理清晰的文稿，能充分显示出你缜密的逻辑思维能力。领导看到你的文稿就知道大家的主要意见，相当于你把最粗糙的“原料”加工成了精细的“成品”送给领导，他们当然会对你刮目相看了。以后有类似的会议，他们还会点名让你参加。

聪明人的总结还要体现出专业性。如果你是职场新人，观点稚嫩、专业理论修养不够大家都可以理解，别人也不会嘲笑你。但是，如果你已经在这个行业里工作了多年，是个“老手”，一张嘴就说外行话或者说不到点子上，别人就会怀疑你的个人能力了。

总结还是要落到“实干”上面。领导们需要的不是套话、空话，而是要切实可行的解决问题的思路。“授人以鱼，不如授人以渔”，说的就是这个道理。如果在这个基础上，你还能够进一步论证方案的可行性，那么领导就会把你当成人才来看待了。

唐骏到微软做程序员之后，发现Windows多语言版本开发上不能同步进行的问题。这个问题之前已经有很多人发现了，也有人提出了解决方案，多达80几种，可是这些方案都过于表面化和理论化，没有切实可行的依据论证。只有唐骏做得更到位、更实用，不但给出了解决方案，还对其可行性加以论证，最终凭借此方案获得了高升的机会，从一个默默无闻的小程序员变为领导层的一员。

当然，“总结”是需要功力的。聪明人要刻意去培养这种功力，不管什么会议、什么讨论，只要有机会就要锻炼自己的这种能力。

“您的观点确实有独特之处，但是……”

相信多数职场人都有过这样的抱怨：“我以后再也不给领导提意见了，他根本就不听。”“我的观点明明是正确的，他为什么要反驳？”

说过这句话的人会有两种结果，第一种是再也不提意见，只在下面发牢骚过嘴瘾；第二种是发扬“知其不可为而为之”的大无畏精神，继续提意见，跟领导争个脸红脖子粗，最后还是解决不了问题。这些都是太不圆滑的表现，可以说，还没有摸到聪明人的门道。聪明人信奉的一条准则是：先说好话，再提意见。他们挂在嘴边的一句话是："您的观点确实有独特之处，但是……"

打个比方吧，你看小孩子吃药，舌头尖一碰到苦药片就"哇"地哭起来，再想让他吃下去比登天还难。但是如果把药片弄碎，混到白糖里面，连哄带骗地给他吃下去，虽然过后他也会吧唧着小嘴说"苦"，却不至于寻死觅活地大哭大闹。

给人提意见就跟给小孩子喂苦药片差不多，不管是领导还是一般同事，真正爱听反对声音的人非常少，所以你要自觉遵守这个潜规则，把自已的话裹上一层糖衣。就算你心里认为自己的方法是好的、观点是对的，也不要用固执的姿态表现出来，而是要给对方留个台阶，先肯定他，再阐述自己的意见。

孔祥是一家德国电子公司驻中国区的销售主任，公司要推广一个新产品，他照例参加例会。会上，经理拿出一个他设计的商标征求意见。经理说："这个商标的主题是旭日，旭日很像日本的国徽，日本人一定乐于购买他们的产品。"

大部分部门主管人员都极力恭维经理的构想，但孔祥说："我有一个小小的意见。"全办公室的人都盯着他，经理也很吃惊。

孔祥并没有滔滔不绝地阐述他的观点，也没有立即否认经理的设计，而是说："我恐怕它太好了。"经理感到纳闷，脸上却带着笑说："你的话我难以理解，解释来听听。"

“这个设计与日本国徽很相似，日本人喜欢，然而我们面对的一个重要市场是中国，中国人也会想到这是日本国徽，还会引起他们的好感吗？这不是同本公司要扩大对华贸易相抵触吗？”

“天哪，你的话高明极了！”经理叫了起来。

孔祥就这样让经理避免了一次决策上的重大失误。此事后来被汇报到上级领导那里，孔祥受到了特别嘉奖。

聪明人就是要这样，拿捏说话的分寸和火候，每一句话都要说得有策略。向权威人士表示反对或拒绝，你一定要有充分的理由，还要注意技巧。孔祥的一句“我恐怕它太好了”既抚平了经理的不悦，保住了经理的体面，同时他的反对意见也被经理接纳了，这便是提意见的高明之处。

不管是对上级、同事，还是对下属，提意见都要讲究技巧。下面是几个提意见的小贴士，希望对你能有所帮助。

1.以友好、热心的态度提意见。

你要让对方感受到，你提意见是为他好，是为整个团队好，而不是由于你“看不顺眼”。人都是有私心的，同事关注的是自己的利益，领导关注的是自己的面子和团队的业绩，你把这两个巨大的诱饵摆出来作为提意见的理由，他们会乐于接受的。

2.让对方明白你的赞同。

你不能把别人说得一无是处、体无完肤，打一巴掌还得揉三揉呢，你要学会“团结——批评——团结”的夹心饼表达方法，先说好话，再提意见，再用好话收尾。这样的意见，别人就算不会全盘接受，也会接受个七八分。

3.避免只针对一个人。

还是那句话，大家都在职场里共事，是一个团队里的战友，是一条绳子上的蚂蚱。如果你的意见是合情合理的，受益的是大家。所以，你在提意见的时候最好摆出“一家人”的架势，不要针对特定的某个人来说，要就事论事，不要搞人身攻击。

灵活运用这些方法可以让你在职场里拥有更多的话语权。话语权是什么？简单说，就是谁说了算。聪明人的优势不就是“唯我独尊”吗？一人之下，万人之上，其他人都得听我的。他可以让领导接受自己的意见，并借领导的嘴巴说出来，让自己的意见成为公司里的“红头文件”，说白了就是能够把领导说动心。所以，职场人要向这个目标看齐，活学活用这条规律，先说好话，再提意见，最终争取话语权。

第9章

聪明人把汇报工作当成展现的机会

汇报是一个全方位展示自己的过程，要学会在汇报中展现自己的形象。本章融汇了行为心理学中的发现和成果，告诉你如何在细节上给人留下好印象，培养一开口就让人喜欢你的好习惯。

如何让人感觉你精明能干

● 将约会时间精确到分

有的人整天说：“忙死了。”他以为会给人能干的印象，其实不然。

倒不如与人约会时，将时间定在几点几分比“几点整”或“几点半”更能给人精明能干的印象。因为忙碌而有效率的人多半很会利用时间，所以和人约定时，刻意选定零散的时间，能树立自己没有一刻停歇，十分能干的印象。

反过来，若和人约定“几点左右”这种模糊的时间，不仅给人做事马虎的印象，甚至尚未谋面，对方就已经讨厌你了。

● 在开始发表自己的意见之前，先说明自己的意见范围

说话清晰，可以让人觉得“这个人头脑好”，这一道理相信大家都同意。但如何说才能口齿清晰呢?

最好的方法，是一开始就将今天所要讲的话有哪几大项，以及每一项的内容又如何等先说清楚。

为什么要先做上述的报告呢？由于人类是一种喜欢推理的动

物，所以一旦事先表明了大概的内容，听众就可以一边听讲，一边进行下一步骤要说什么的推测，并且由于有了某些心理上的准备，他们对讲演内容的吸收也会特别快。

换句话说，事先简单地说明将要讲演的内容，由于听众已经有了某种程度的心理准备，就算讲演的人偶尔口齿不清，也不会影响到听众的感受，因此可以让他们产生“此人头脑不错”的印象。

- **挺直腰杆坐**

从心理学上的观点来看，驼背的人多性格内向、防御性强，不擅长交际。

驼背的人看上去缺乏朝气。尤其坐在椅子上与人谈话，弯腰驼背会使人觉得缺乏自信，畏缩怯懦。相反的，若脊背笔直，不但会让人觉得生气勃勃，还会给人端正能干的好印象。

在商谈、面试等重要场合，一定要挺直腰杆，这对自我表现有极大的帮助。

- **说话简洁有力**

有一个研究报告指出：在一篇文章当中，句子愈短愈容易使人理解。

实际上句子简短，不仅容易使人易于理解而且能给人一种顺畅、节奏明快的感觉。

若说话的语句你常用“这个”“或者啊”“啊”等拖拖拉拉

的词语，听者会感到烦躁，从而对你产生不好的印象。另外，你若嘟嘟囔囔，甚至自己也不知道在说些什么，会使人怀疑你脑筋是否有问题，而给人一种拖泥带水的印象。

说话和写字一样，该断就断，少用连接词，会使听者感觉明朗而有理，给人精明能干的印象。

● 每次都能将意见归纳成三大项，别人就会对你的归纳能力留下深刻的印象

人们对于“三”总是有一种特殊的感觉。“三”往往可以带给人们一种安全感。

具有说服力的人，往往善于利用“三”的战术。有位商社的副社长士光敏夫先生就是其中的佼佼者。他对于任何问题的答复都是“这个问题有三个答案”，并且在表述问题时也都将问题归纳成三大项。这样不但问题被整理得容易理解，对于整个问题的探讨也颇有助益。

反过来说，若将问题的答案仅仅限定为一项，则容易使人有一种武断的感觉，如限定为两项则又易使人有左右摇摆不定的印象。

事实上，演讲的人若能将问题归纳成三大项，则在进行演讲的时候也将会顺利得多。

● 任何话都尽量在3分钟以内说完，也是表现“自己头脑好”的诀窍

我们常常可以看到类似“3分钟讲演术”以及“3分钟自我介

绍”的书，事实上“3分钟 ”对我们而言，的确具有特殊的作用。通常一般人讲3分钟的内容，是不用看稿可以侃侃而谈的极限。

据有人以前在广播电台主持每天2分50秒的迷你节目的经验，发现这一时间正好可以不多不少地讲完一个主题。我的结论是：以一般谈话的内容而言，1分钟太短5分钟又太长。

为什么？事实上，3分钟是人类表达自己意见的最适当时间。任何谈话只要有3分钟，就可以表达得清清楚楚。超过此一时间所说的话，很可能就是废话了。

说话最重要的目的就是要让听众有良好的感受。世界上没有任何事会比内容贫瘠的话，更令人觉得无聊的了。因此，与其多说废话，倒不如将说话的内容，精简在3分钟以内说完， 反而更容易让听众所接受，并且听众还会对讲演者产生“此人头脑不错”的印象。

● **凡事考虑周到，想到最坏的结果**

用一个很简单的例子来说，假定有一位汽车推销员，他每月销售业绩是30部汽车，但本月份他只销售了10部汽车。如果，事先他已向上司报告说：“这个月由于其他车厂推出新型车，因此预测自己本月份只能卖出四五部汽车。”如今卖出了10部汽车的这一事实，看起来就不再是一项缺憾而是一项突破了。

但若他事先向上司表示“虽然这个月份其他车厂推出了新型车，但我至少可以卖出十四五部汽车”，则售出十部汽车的这个事实，就会被认为是一个“失败”！

- **平常说话时偶尔加入一两个专业名词，可以使人感觉你有深度**

当我们坐在车上或咖啡厅里，听到旁边有人说外国话或专业名词时，我们的目光往往会不由自主地去注视他们。

这种现象就是记忆心理学上所谓的“凝离效果”。例如，我们若将一个特殊符号放在一大堆数字当中，则这个特别符号一定会特别醒目，这就是所谓的“凝离效果”。

所以当你追求女朋友的时候，如果常在谈话中加入一些外语，则对方往往会觉得你有学问 。一旦感觉这个人有学问，人们对他谈话的内容就会格外注意。

反过来说，若总用这种方法，则不但“凝离效果”会越来越淡，并且反倒会使对方感觉谈话的人肤浅甚至卖弄！如此不但达不到表现自己有学问的目的，反而会给对方留下坏印象。因此，得适可而止。

- **若想让别人接受自己的意见，可以尝试以名言或谚语的方式表达自己的意见**

有时我们想拒绝一件事，往往会由于某些因素，使我们无法很干脆地拒绝，因为一不小心就可能又树立了另一个敌人。

此时，我们就必须找借口来拒绝了。但若所找的借口又与自己有密切的关系时，虽然对方因此接受了我们的拒绝，但另一方面他同时也会感觉到直接被人拒绝的愤怒。

那么如何才能既不伤感情又达到拒绝的目的呢？通常，若要真正地做到两全其美，是相当困难的。这里有一个比较理想的方法，你不妨试一试，那就是翻一翻历史，找一找历史名人们说过的话，看看是否有适合自己目前处境的名言。若有，则我们可借该名人的话，向对方表达自己想表达的意思。例如我们可以用“孔子曾说……”的方式来表达（暗示）自己目前的心境。这样一来，对方的感受往往也不会再那么强烈，而我们想拒绝的目的就达到了。

此外，引用名言或谚语，往往也可以加强自己的说服力，这就是心理学上所谓的“威光暗示”效果。

- **叙述数字时若能将个位数也表示清楚，可以提高别人对你的信赖感**

试想，如果我们听到对方把小数点以后的数字，都清清楚楚地说出来，我们有什么感觉？是否会认为对方的记忆力惊人？通常有些人之所以被尊为“超人”，就是因为他们肯下功夫，将小数点后的数字都记起来的缘故。

其实牢记数字，往往还能让听讲的人产生信赖感。例如有一位杂货店的老板到银行申请贷款时，他要求银行借他91万元。银行的经理觉得很奇怪，就问他为何不干脆借100万元，结果这位老板很坚决地表示，他贷款的金额经过他仔细计算过，确实只须借91万元，因此他只要借91万元即可。银行经理听到后觉得他非常可靠，于是立刻批准了他的贷款。

● 对于畅销书就算没读过，别人提到时也要表现出感兴趣的样子

无论从事何种工作，一旦丧失了时代感，就不可能会有任何进步。事实上，在各种变化都很激烈的时代，“时代感”是每个人都不可缺少的一种素质。

为了达到具有时代感的目的，我们必须对流行语、广告词、电视的热门节目、各种周刊、杂志以及畅销书等，都有一定程度的了解。虽然许多流行现象并没有太值得我们学习的地方，但由于它们是一种社会的时尚，因此我们也不能轻易地否定他们。

虽然有人认为，只读畅销书的人没什么水平，但事实上却不尽然。我们姑且不论它的内容如何，只要从它能在短短的时间里就拥有一二百万的读者这一事实来看，就可以知道这实在是一种不可忽视的社会时尚。

因此，虽然我们不见得一定要读完所有的畅销书，但在报纸杂志上看到介绍畅销书的文章我们不妨看一看，对于我们只有好处而没有坏处。原因是我们很可能会在许多聊天的场合，听到其他的人以目前畅销书内容来作为话题。若自己连书名、作者都不清楚，试想别人对你的印象将会如何？

畅销书明显地反映了一个时代的各种事物，因此我们不妨换个角度，从为何现在这本书会变成畅销书的立场，来对畅销书进行研究。

● 文章中千万别出现错字或漏字

文章的好坏、有趣与否，往往会因读者兴趣的不同而有不同

的评价。不过文章中若有错字、漏字，则相信对任何人都会留下恶劣的印象。

在极端的情况下，一篇好文章很可能会因为一个错字或漏字而被否定了。其实许多错误往往只要稍微注意一下，就可以发现，但若不加以注意就马虎地交出去，往往会给人不够细心的感觉。

另外，通常错字、漏字太多的文章，往往还会让人对它的内容是否正确也产生怀疑。每一篇文章风格各异，它代表了作者的心血，并且还将广为流传，因此在写文章时，就必须特别小心了。

● 就算字不漂亮，只要工整让人容易阅读，也会给人留下好的印象

在批改学生的作业时，最让人头痛的就是学生写的字既脏又乱！所谓的脏与乱并不是指字写得漂亮与否，而是指他们往往会将写错的字直接涂掉。

其实就算字写得不够漂亮，也应该可以写出容易让人阅读的字体。如果字容易阅读，阅读的速度也会相对提高，阅读的心情就会愉快，对写这篇文章的人自然会产生好印象。

当我们看一篇错（漏）字连篇的文章时，对于写这篇文章的人，在写这篇文章时是否仔细思考过，往往会产生怀疑。

如果你是位有名的大作家，或许写的字潦草一点还会被人接受，但一般人就没有这种“特权”了！例如一位经常写字潦

草的职员，很可能会因此而被公司解雇。因为上司实在没那么多时间，逐字慢慢地阅读那些写得潦草又错字、漏字百出的报告。

- **和人一起吃饭时，若一直举棋不定，不能决定自己要吃什么，会给人留下判断力不足的印象**

有些人在与人一起到餐厅用餐时，常常无法决定自己要吃的东西。另外，有些人还会在好不容易决定自己要吃的东西后，又要求取消而另外再更换其他的东西。此时，如果是女孩子，旁人还可以容忍，但若是男人如此，则会给人留下判断力不足的坏印象，并且还会被人瞧不起。

因为这样的表现会给人一种优柔寡断的印象。虽然有人或许会说，只不过是无法决定自己想吃什么，怎么会被人认为优柔寡断？根本就是小事一桩！但若换个角度来看，就因为是小事，才必须更加注意！

倘若我们要做一个与自己或公司未来命运有关的重大决定时，任何人都不可能立刻决定 。就算看似立刻决定，那也是由于他平时就已对这个问题进行了思考，早就胸有成竹。

不过对于决定自己要吃什么，相信任何人都应该能在短时间内决定。若连吃什么这种事情都要想来想去，不能立刻下决定，则别人就会很自然地联想到，若让他决定一件比决定吃什么更难更重大的问题时，他的表现又将如何！

- **与人约定下次见面时间时先翻看一下记事本，再确定时间，可给对方留下很周密的印象**

与人约定时间时，对方通常会有两种反应：一种是表示什么时间都可以，而另一种则表示要翻一翻记事本，看看哪个时间可以。

排除一些特殊的情况之外，对于前者人们可能会有“无能”的感觉，对于后者则会留下工作能力很强的印象。

这是由于一般人通常都很忙的缘故。而随时都有空，给人的感觉是很闲，很闲又会让人联想到无所事事，能力不强。事实上，有些推销员就算知道自己某一天有空，在与人约定时间时，也会掏出记事本装作要确定自己那天是否有空，以给对方留下他能力很强的印象。另外，边看记事本边约定时间的另一个好处，就是可以给对方留下做事谨慎，不会到时忘了约会的好印象。

- **故意让人看看写满预定行程的记事本，可给别人留下能力很强的印象**

有时无意间看到了别人写满预定行程的记事本，往往会被它吓一跳，并且立刻会产生这个人工作能力一定很强的印象。这也是一种忙就是能力强的直觉反应。同样的，当我们看到写满姓名、电话及住址的记事本时，也会很自然地产生这个人交际一定很广的印象。

利用这种心理，我们可以给人留下我们工作能力很强的印象。虽然有点做作，但效果往往很好。

● 经常重复一些小命令，可使对方觉得你是领导者

有些已婚男士会告诫新婚男士，从新婚的第一天起，就应该以命令的方式与太太沟通，将来太太才会听话。事实上这种现象若以心理学的观点来看也是有据可循的。

男士在结婚后，若能立刻对妻子表现支配者的态度，久而久之妻子就会习惯于丈夫的这种态度。例如丈夫可以对妻子表示“倒杯茶给我”“拿报纸给我”或“马上把洗澡水放好”等，让妻子自然产生“丈夫就是支配者，妻子就是服从者”的印象。

相反的，若一开始就表现出夫妻平等的态度，则一辈子就都必须维持这种关系。

类似的情形在办公室中也可以适用。对于那些不把上司看在眼里的职员，上司只要以命令式的口气与之说话，就可以很自然地改变他对上司的印象。

● 想让人觉得你是“大人物”，最好的方法就是将各种动作放慢

从前有位朋友曾与一位号称最伟大的记者有过一面之缘，虽然他的言谈举止相当有深度，但给人的感觉不但不像个大人物，反而有点小人。事后想想，这是由于那位记者的各种动作不够稳重的缘故。虽然动作与人的本质并没有直接的关系，但我们对一个人的印象，却往往会因他所表现的动作而有所改变。

人一向就有一种先入为主的观念，在一般人的印象中，通常所说的大人物，他的各种动作一定是缓慢而稳重的。我们从一些

电影中也可以发现，那些所谓的大人物，不论是好人还是坏人，他们的动作都是非常缓慢而且稳重的。

因此，若想让别人把你当作大人物般看待，我们应该刻意地将自己的各种动作放慢。缓慢且稳重的动作，不论在视觉或心理上，都可以让对方感觉到我们是大人物！

● 逆光走向对方会使人产生此人较“大”的感觉

欧美人士相当重视心理学在商业上的应用。尤其是身为公司的高级干部，他们平时更重视自己的服装、室内摆饰等，都以尽可能给人留下好印象为目的。

在美国还有人专为此论点写了一本很厚的书，书中分别说明大人物的谈吐（由如何选词造句到每句话间应停顿多少等）、应对表情、说话的语调姿态、抽烟的姿势等，事无巨细。其中最让人觉得有趣的，就是它还提到“逆光走向对方会使人产生此人较‘大’的错觉”。

逆光当然不容易让对方看清楚自己脸上的表情，因此会让对方产生不知道他在想什么的威胁及压迫感。有些人甚至按自己谈话的对象或内容，调整自己房间内灯光的明亮度，来制造最适当的气氛。

我们或许还用不着做到这种地步，不过在与人说话时选择逆光的位置的确比较好。因为逆光会使对方看不清楚我们脸上的表情，万一我们有时露出犹豫不决的表情时，对方也不容易察觉，从而可使我们给对方留下好印象。

● 直条纹的衣服可使你看起来较高

错觉是视觉心理的一种原理。其中常被人应用的是直条纹与横条纹带给人的视觉差异。这项错觉原理常被应用在服装上，我们若想使自己看起来个子高一点，不妨穿直条纹的衣服，反之，若想使自己看起来胖一点，则可改穿横条纹的衣服。

对自己身高不满意的人，可以常穿直条纹的衣服，使别人产生错觉。根据美国一所大学的研究报告，身高与未来的升迁有绝对的关系，一般人站在个子比自己高的人身边，多少总会感受到有一种压迫感，这是一项不争的事实。

换言之，身材高大的人可以让别人产生自己能力强的错觉。因此我们应该多穿直条纹的衣服，让自己看起来更高更大。这样可以给别人一种大人物的印象。

● 好笑就笑，不懂就承认，才不会让人觉得你反应迟钝

以前有两位杂志社的编辑，有一次为了连载小说的刊登事宜，两人一起到一位小说作家的家中拜访。其中有一位是老资格的编辑，另一位则是初出茅庐的新编辑。

见面时由那位老资格的编辑展开话题，但是为了将来便于交接工作的考虑，他仍刻意地安排让同来的新编辑有说话的机会。可是很意外的，那位新编辑却根本不搭腔。第二天，那位作家就打电话来向老编辑表示“昨天与你同来的那位老弟头脑是否有问题？”

听了以上这个故事，我们一点都不会感到惊讶。因为一个人

在说话时，都希望让对方有印象。倘若对方一点反应都没有，他一定会大感失望。因此我们在听人说话时，不妨偶尔加入“吓我一跳”“了不起”等语表示同感，让对方感到我们在关心他。这样也可以给对方留下头脑反应快的印象。

- **重复“我认为”“我的”等语，可以加深别人对自己的印象**

我们在一些政论会等场合，经常可以听到演讲者在他们的话中，不时重复“我认为”“我的……”等语。对于这些从事政治活动的人而言，向大众推销自己是最迫切的事。而多用“我”这个字眼，正是加深印象的主要方法。

与欧美的语言比较，东方人原本就是比较少用“我”这个字，并且在日常的生活中，东方人通常都会尽量避免用“我”这个字，那么为何东方人会避免用“我”这个字呢？最主要的原因，就是在潜意识中想逃避责任，不想让对方知道这是自己的意见、自己的感受，换而言之就是一种潜在的防卫意识，认为如此做同时还能避免与周围的人发生冲突。

的确，一个人若不时表示“我的看法是”或“我认为”，则往往会给人自大、固执的印象。相反的，若想让自己给别人留下强烈的印象，则不妨在言谈中多使用“我认为”“我的”等语，则必然可以给别人留下深刻的印象。但这种方法不宜使用太频繁，否则会有反效果，这一点我们必须特别注意。

● 将自己的“特点”归纳在三个以内，可以加深别人的印象

在日本的东北部，有一家知名度颇高的饭店。这家饭店虽然并不是什么百年饭店，但附近有喜庆宴会时，却都会选择在这家饭店举行。据了解，当地的人认为若能在这家饭店举行婚礼，是件非常值得骄傲的事。这家饭店之所以能够如此成功，完全要归功于这家饭店的总经理，他将该饭店的特点归纳为两个特点。

其一是他们推出只有他们的饭店才能制作的正统式餐饮。其二是他们所装饰的吊灯，都是价钱极为昂贵的高级货。据说他们最小房间中所装饰的吊灯，价值都有4000万日币，大房间中的吊灯，价格更高达1亿日币！因此，当你到达那个城市之后，只要向计程车司机表示要到那家饭店，司机就会立刻反问“是那家装饰昂贵吊灯的饭店吗？”或“是那家推出正统餐饮的饭店吗？”

另外，有一位参议员，由于他在竞选时仅以单一的政见作为号召，而因此获胜。

由上述这些例子，我们不难了解，尽量将自己的特点归纳为少数几项，反而更能加深对方的印象，这可避免因特点过多，而使对方感觉眼花缭乱，无所适从。

当我们参加面试时，与其想给主考官留下“本人文武全能”的印象，还不如强调自己真正精通的一项（例如“我对爬山很内行”等），反而可以给对方留下深刻的印象。

● 专精于某一件事，往往可以让人刮目相看

在日本NHK担任巴洛克音乐解说的皆川达夫先生，他因在

NHK从事巴洛克音乐的解说工作，而获得意大利的音乐首奖，他也是巴洛克音乐的权威。他的本职是教授大学西洋音乐史的教授，但他的兴趣却极为广泛，有的兴趣甚至和他的本职毫无关系。高中的时候他曾参加歌舞剧的演出，而且对于葡萄酒也非常内行，甚至还写了一本有关葡萄酒的书。

虽然一般人或许无法像皆川先生一样，对于任何事的研究都非常深入，但专门研究某一件事并且深入探讨，则是任何人都能做到的。例如对葡萄酒有兴趣的话，只要稍微下一点功夫，很快就能精通，甚至成为专家。或者以世界各国的语言来练习“早安”和“你好”，甚至学习一些口技（如学公鸡叫）等都可以给别人留下深刻的印象。这些雕虫小技虽然看似无聊，但往往可因此使别人对你刮目相看。

找个机会露一手，就可以加深别人对你的印象，他们绝不会觉得你无聊。

● 说出别人意料不到的话，可提高对方对自己的信任感

有个人以前为了改建房子，找了一位木匠来估价。结果这位木匠对他说“这么好的东西拆掉实在太可惜了！如果是我的话就会原封不动地留下来”。听到他这么说，这人立刻对他产生信任感。虽然原本就听说他的手艺非常好，但由于是第一次找他干活，因此对于他是否值得信赖，事实上并没有把握。但这种疑虑由于他的那句话一扫而空。

为什么？因为他没说出别人预期他会说的话。我们通常会

由对方的职业或社会地位，推测他会说什么话。例如我们认为推销员一开口，就会说出一连串推销自己新产品是如何优良的话，而木工则应该会鼓励人尽量改建房子。因此，当对方说出与自己预期正好相反的话时，往往就会因惊讶而不由自主地对他产生信赖感。

● 不按旧例往例办事，可以给别人留下“能干”的印象

一些公司每年都会举办许多活动，因此每个职员都会有承办活动的机会。当我们被选派承办活动时，正是我们表现自己的大好机会。此时若能避免因循守旧，就可以给同事留下“能力强”的印象。

不过也不必样样都与众不同，例如主办年终聚餐活动时，只要选一个别人都没去过的好场所，让大家吃惊一下，那也就够了。

但必须注意的是，若平时工作不努力，只在主办一些宴会时大出风头，则别人对他的印象也不会太好，或许别人会私下戏称他是宴会部长。

因此，这些与众不同的变化，最好别太夸张，只应该尽可能在一些细节上去求变化。另外，自己平时的工作表现也必须力求完美，这样才能给同事留下工作能力强又会玩的好印象。在社会上只会工作不懂娱乐的人，并不见得会受到别人尊敬，既会工作又会玩的人，才真正会受到大家的尊重。

● **腰部挺直的坐姿，可给人留下“才俊”的印象**

由于某人有点驼背，因此看到背部挺直的人，就会不由自主地产生羡慕的感觉。驼背给人的印象不但苍老，也不易让人留下好印象。

背部挺直给人的印象往往会非常好。缩成一团地坐在椅子上，不但表现出没有自信，并且还可能给对方留下你畏惧他的印象，因此我无时无刻地告诉自己要尽量让自己的背部保持挺直。

正确的姿势会让人产生私生活正常和思想正直（即不会胡思乱想，把别人的好意当成恶意）的印象。另外，正确的坐姿还会给人诚实、能力强、“才俊”的印象。

参加会议或面谈等重要的场合时，尤其应该注意挺直自己的腰杆。事实上，在这类的场合，腰杆是否挺直，往往是成败的关键所在，因为驼背的人再怎么看，都不可能会像是“才俊”！

再从心理学的观点来看，驼背的人通常都比较内向，防卫意识也比较强，同时也可能是较不合群的人。

● **说话时直视对方的眼睛，可以给对方留下好印象**

由于工作的关系，我们经常会接触到各式各样的人，他们的年龄、嗜好、职业与社会地位都不尽相同。其中最能给人留下好印象的，是那些与你说话时直视你眼睛的人。

谈话时相互凝视对方，对双方来说都会产生紧张感，因此我们会因为在潜意识中想逃避这种紧张，无意中将视线飘离对方的眼睛。最明显的例子就是搭乘电梯时，大家都会不约而同地注视电梯的天花板或地板，避免彼此目光的接触。

因此，我们若能注视着对方的眼睛说话，相对地，就会给对方留下我们充满自信的好印象。

相反，若我们逃避对方的视线说话，则往往会给对方留下自信心不足的印象，同时也会在不知不觉中降低了自己在对方心目中的分量。

许多人都有看着下方说话的习惯，这种表现往往会给对方留下非常软弱的印象，对当事者来说，是非常大的损失。因为为了表现自我，直视对方的眼睛说话虽然会有少许的紧张感，但我们仍应养成注视对方眼睛说话的习惯。尤其在说服对方时，这一点绝对有必要，因为注视对方的眼睛说话，正是让对方感受到你的压力及信心十足的最佳武器，并且也是提高自己说服力的最有效的方法！

● 想让人感觉到你的魅力，就应尽量做年轻的装扮

有一位数一数二的模型船收藏家，他家的每一个角落都摆了各式各样的模型船。除了这项兴趣之外，他对组织乐团也有浓厚的兴趣，他不但自组乐团，也经常举办各种演奏会。

收集模型船和组织乐团举办各种演奏会的活动，对于他的经济而言，完全没有正面的影响，因此一些较为现实的人，或许会认为他从事这些活动很不值得，但大多数的人却会对他投以钦佩又羡慕的眼光。

因为他的做法，可以说是解脱现实社会的各种利害关系，

将自己完全地投放到自己的兴趣当中，给人一种纯真的感觉。尤其是男性若能抱有这种纯真少年般的作风，往往会让周围的人感受到一股与众不同的魅力。因为多数人当他们长大成人后，往往会失去少年时的“梦想”，但少数人却永远保持着属于自己的“梦想”。

因此若想让别人感觉到自己的魅力，就不妨做年轻的装扮。这里所谓的年轻装扮并非要穿戴成年轻人的样子，而是要由内心深处流露出一种属于年轻人才有的状态。另外，将自己少年时的梦想说给别人听，也是显露自己魅力的好方法，不妨一试！

● 超过应有的限度的道歉，以显示你的诚意

某出版者出版了一位作家的全集，其中的一册有一处错误。当时，出版社决定将那一册重印。新书印好后，出版社通知那些购了误版书的人来换。他们这种做法，大幅度地提高了自己的声望和信誉。通常，每当某书出了重大的或多处的错误，出版社就给该书附上一个勘误表。而这家出版社却为了一处小小的失误，重新出书，这无疑是一种超出常法的改过之举。然而，正是这样的“小题大做”，不仅使失误得以纠正，而且使读者从中看到了他们诚恳的态度和极端负责的精神。

无论是谁，由于对方的失误而使自己蒙受某种程度的损失时，都会希望从失误者那里听到与损失程度相当的道歉。然而，这种“期待值”往往与“实际值”不十分吻合。如：他们期待五分道歉，却得到了十分。这样，他们就会于意外之余，欣然领受

道歉者的诚意，往往会收到“化干戈为玉帛”的效果。与此相反，虽然期望值是五分，而受损失者却只得到二分、三分的道歉，那么，他就会认为失误者不负责任，从而加重对失误者的不满。

● 在会议上博采众长，作为你的见解

我记得有一次参加一个会议，当与会者热烈交换意见时，只见一个人默不作声，手上奋笔疾书。会议接近尾声，主席请他也发表一点意见。没想到，这个人刚才已把大家的意见做了一番整理，并加上他自己的看法表达出来。结果，他的意见成为这次大会的结论。

上述例子在心理学上称之为“新近效果”，也就是说，一个人即使从各方面获得信息，终究会受到最后获得的信息的影响。因此，你若能巧妙地利用这种“新近效果”，便能依照你的心意操纵最后的判断或评价。千万不要一开始就口沫横飞，坚持你的主张。应该看准时机，在听取了大多数人的意见，或是大家因看法不一而无法得出结论时，再从容提出你的意见。俗话说：“沉默是金。”并非不要讲话，而是指要在适当时机发言，才对你最有利。

● 用乐观的看法，结束你的谈话

“他虽然工作很好，却是一个酒鬼”，与“他虽然是个酒鬼，却工作得很好”这两种介绍词，哪一种能给对方一个好印象

呢？毫无疑问，当然是后者。

以“虽然……却……”这种前面否定的句式说话，是人类心理“终末残存效果”的结构造成的。一个人最后看到或听到的事情，往往会留下强烈的印象。例如，和朋友在一起喝酒，在分手的时候，对方说出令你不高兴的话，到第二天，你仍然会耿耿于怀。反之，双方若在谈笑风生之后分手，你便能心情愉快地回家。

当你向上司报告时，如能采用上述心理结构，所得到的评价一定与众不同。假如你对一个处事积极的上司说：“可能不会有什么问题，只是一点小小的阻碍。”上司一定认为你是一个处事消极的下属。倘若你说：“虽有一点小小的障碍，但可能不会有什么问题。”相信效果会有很大的差别。

如何给人做事积极的感觉

● **开会时起立发言可以增强自己发言的分量**

有些讲演会由于主讲人发言的时间较长，主办单位会特意准备椅子让主讲人坐着发言。碰到这种情形，可以婉拒对方的好意。

为什么？因为同样的讲演内容，站着和坐着说给听众听的效果完全不同。我们若以歌星在舞台上的表演为例，站着唱与坐着唱不但歌声的效果不同，它给人的感受也完全不同，前者会比后者更让人觉得有活力。同样的道理，讲演时站着说，听众的感受往往会更为强烈。

因此开会时若起立发言，给人的感受一定比坐着发言更强烈、更有压迫力，此外，站着发言的另一个优点是，可以居高临下，把握全场听众的气氛。

特别是那些对自己的讲演没有信心的人，更应该站着发言。虽然发言内容是一样的，但站着发言这一小小的改变，就可以给听众留下“积极”的好印象。

● 比别人抢先接电话可以给人做事积极的印象

动作比别人慢，往往会给人留下做事消极的印象。因此若想给别人留下做事积极的印象，就要比别人早一步行动。

例如电话铃响时，比别人抢先接电话，有客人到公司洽谈，立刻上前接待。虽然这都只是一种小小的动作，但会给人留下反应快、做事积极的好印象。

● 比别人早到公司可给人留下做事积极的印象

有位职员刚进入公司时，每天都是最早到公司上班的人，有时会因到得太早，甚至连公司的大门都还没开！虽然他谦虚地表示是由于他的能力较差，因此必须比别人早到公司上班，来弥补自己能力的不足，但事实上他每天都那么早到公司，绝对有其正面的意义！

试想，其他的同事睡眼惺忪地赶到办公室时，你已经卷起袖子在做事了，他们的感受将会如何？积极、有干劲就是这样表现出来的！

● 挺直腰杆快步走可给人留下精力充沛的印象

有位曾在高级餐厅打工的学生说，他们进入餐厅正式工作以前，除了有各种基本知识训练外，老板还再三交代他们在餐厅内工作时，必须以快速的步伐行走。

许多人很佩服这位老板，因为若让侍者慢吞吞地走，不但服务速度会慢，同时也会给客人留下不好的印象。慢慢地走往往会给人一种很疲倦、无精打采的感受。让侍者快步走，可以说是这家餐厅的优良传统，这就是他们自我表现的一种方法。

不只是侍者，任何人只要挺直腰杆快步走，都会让人觉得积极、有干劲！

走路的方式往往会被人们所忽略，但却是我们在自我表现中不可忽视的重要一环！

● 用力握手可以让对方感觉你很强大

握手不仅是一种交际的礼仪，同时也是表现自己的强力武器。仔细地观察一下那些政治家，一连与数十甚至数百人握手后，他们的手已经因失去血色而显得苍白，由此不难推测他们是多么用力地与人握手。

从心理学的角度来看，一个人若是被人用力地握手，自己就会很自然地用力握回去。握手虽然看起来只不过是手与手的交流，但实际上却也是一种心与心的交流。因此，用力握手可以让对方感受到自己的热情与意念，并给人一种强大的印象。

事实上，握手愈用力，愈可以给对方留下深刻的印象。反过来说，若是对方用力地握我们的手，我们下意识中就会用力地握回去，以免自己居下风。

有位东方人每次遇到比自己高大的外国人，就会先下手为强地用力握对方的手。的确，被人用力一握，往往会感受到一股强大压力。尤其是被第一次见面的人用力一握，那种强烈的感受常会使人难忘。

● 坐沙发时，千万别“陷身其中”

假如你正在很认真地向一个人解说某件事的时候，对方却将自己的身体深深地靠入沙发中，并且还把上半身也深深地陷入沙发中，你会有什么感受？如果对方是上司那还没话说，如果是同事，你可能就会向他说“你能不能认真地听我说”，为什么呢？因为将身体深深地陷入沙发的姿势，在别人的眼中，看起来往往就是一种不认真的态度。特别是连上半身也深深地陷入沙发中，给人的印象将会更为恶劣。

相反的，若仅坐椅面的一半听人说话，例如只利用椅面的前三分之一部分来坐，给人的印象会更好。尤其是采用这种坐姿时，身体的上半身会自然地向前倾，可让对方产生你是聚精会神在听的感受，因此会给对方带来做事积极的印象！好好利用这一效果，可以有效地表现自我，给对方留下好印象。

● **边听边记笔记可让人感觉你在认真地听讲**

在你讲演时，总会有一些听众拿着笔记本边听边记。不知不觉中你会对这些人产生好感。因为记笔记不但表示要留下一份记录，并且还显示了想将对方所说的话，留在记忆中的积极态度。

当然任何人都不会把没用的话一一记下来，反过来说，我们做笔记就是表示认同对方说话的内容，对于对方是一种敬意的表现。

好好利用这种心理，可以使对方感受到我们的心意。通常上司对我们说话时，就是再无聊的话我们也不得不听，此时若能用记笔记的方式，不但能消除无聊感，同时也可以给上司留下好印象。

一边听讲一边记笔记，是需要有灵活的头脑才能胜任的工作，因此勤记笔记不但可以表现出自己的能力，更有事半功倍的效果。

● **卷起衣袖工作，可给人留下做事积极、有干劲的印象**

将长袖衣服的袖子卷起来，露出我们的肌肤，可以使人产生充满活力、做事积极的印象。听说年轻的女性往往会对卷起衣袖做事的男人产生好感。据了解，岂止是年轻的女性，任何人对卷起衣袖做事的人都会产生好感！

● **签名的字体大一些，可以给人留下深刻的印象**

政治家与一般人的名片最大的差别，就是政治家的名片上除了姓名之外，其他信息如住址、电话等一概不印并且姓名也用比一般人使用的名片还大的字体来印刷，这些都显示出想让对方记住自己姓名的意图。

这一点值得我们学习！事实上姓名就是我们的另一个身份，只要对方记住我们的姓名，也就等于认识了我们，因此签名时尽可能将字体写大一些，这样可以加深对方的印象。根据一位教师的经验，通常将自己的姓名签得很大的学生，他的学业成绩虽然不一定很好，但往后的成就却往往会较大，这就显示出写大字的人往往具有积极性！

● 边说边打手势可加强给对方的印象

在美国的学校里，每个学生在课堂上起立发言都是边说还边打各种手势，这种热烈的学习气氛，在东方学校的课堂上是不易见到的。尤其是当学生要表达与教授相反的意见时，那种激烈辩论的情形，在东方更是绝对看不到的！

还有当我们观赏政治家演讲的影片时，也会发现他常使用各种激烈的手势，来加强演说的效果。这正是政治家的个人魅力所在。

或许这是国民性的差异的缘故，东方人说话时通常不打手势。但我们若能在说话时配合一些手势，就可以使对方的印象更为深刻。

由此我们可以知道，倘若手势打得好，有时谈话的内容虽然不怎么样，亦可给对方留下深刻的印象，所以我们不能忽视手势的重要性。

- **参加事先没有安排座位的集会时，主动坐到上司的旁边，可以表现自己的自信心**

在大学里，上课时通常没有排固定的座位，但奇怪的是每一次上课时，同学们所坐的座位却几乎都是固定的。成绩好、喜欢发表意见的同学，通常会坐在距离老师较近的座位，而成绩差、常常心不在焉的同学，则通常会坐在后面几排的座位。

其实这个道理非常简单。坐前几排的学生不但较容易为老师所重视，就是被老师叫起来解答问题的机会也比坐在后排的学生多出许多。因此，对自己有信心的学生，就会选择前排的座位，反之，对自己没信心的人，就会很自然地往后坐。

同样的心理也会出现在一般公司职员的身上，对自己越有信心的人，越喜欢和上司在一起。因此，参加事先没安排座位的会议时，你若主动坐在上司的旁边，可以表现自己的自信心！

- **额外的工作以及意外的工作，可使别人感受到你的热忱与诚意**

新闻记者的工作是相当辛苦的。他们一天24小时，都必须为了采访新闻而工作，有时他们好不容易找到了他们想访问的人，但被访问者却以“没什么好谈的”为由而予拒绝，他们便白忙一场。

在外行人的眼中，或许他们的这种做法被认为是在浪费时间，但事实上他们却有必须这样做的理由。他们是想凭着一天24小时不停地工作，让受访者产生怜悯的感受，进而因同情而透露一些消息。虽然受访者也知道记者用的是苦肉计，但却仍会产生同情心。

有一位任职于某杂志社的记者，就为了获得一位正在监狱服刑犯人的独家新闻，在犯人入狱的三年内不断地写信和他联络，结果在他出狱后，果然让他采访到了他所需要的独家新闻。

因此，有时额外的工作以及意外的（别人不会想到的）工作，反而可使别人感受到你的热心。

● 到对方的住处请教可以显示自己的热忱与诚意

常有人说“公务人员的服务态度欠佳”。虽然最近他们已经开始改善他们的服务态度，但仍让人有不舒服的感觉。究其原因，最主要的是我们必须到他们那边才能办事。

另一个原因是到这些场所办事，往往会被这些公务员连名带姓地叫来叫去，而这种直呼其名的叫法又通常是上司对下属的叫法，因此被叫到的人往往就会感到不是滋味了。

上述两种原因，往往会成为我们身心两方面的负担，一道小小的手续有时必须花上一整天的时间才能办好。而这种不愉快的感觉，就是让我们对公务人员的服务态度产生抱怨与不满的原因。

和人见面也是一样，如果对方表示“到我公司来吧”，有时就会觉得很不是滋味。相反的，若对方说“我到你那边去吧”，就会有很舒服的感觉。因为在自己熟悉的环境与人见面，心里总会多一层安全感。

为了显示自己的诚意，我们不妨到对方的处所请教，虽然这样会比较累，但收成却往往会非常丰硕。

● 将自己的“梦想”说出来，可以增加自己的魅力

表现自己魅力的方式很多，而其中很值得一试的，就是将自己的“梦想”说出来。

例如我们可以对别人说“我希望将来能住在国外，最好是在西班牙买一个小城堡……”或许有人会觉得你幼稚无知，但一般人却会觉得说这些话的人天真可爱，充满了魅力。

有“梦想”的男人才是富有魅力的男人。“在我有生之年，一定要用我的双脚走完丝绸之路！”有这种“梦想”的男人是否会让人觉得有魅力？答案应该是肯定的。

拥有远大目标的人，他的整个人都会给人一种“大”的感觉。女性和这样的男人在一起，就会产生连自己的“梦想”都可以实现的感觉。

“梦想”就是幻想，因此就算是完全的超现实也无所谓，只要拥有属于自己的“梦想”，整个人就会充满了魅力。

● 该认真时就全心投入，该笑时就开怀大笑

有些人无论是高兴还是烦恼，都不会在脸上显示出喜怒哀乐的表情。

当然，面无表情的人并不代表他们内心是冷酷的，相反的，这种人的心思，有时会比正常人更细腻、更富神经质。

由于面无表情，别人就无法从他们的表情中了解他们的心思。因此，对于这些看起来毫无反应的人，人们自然就会产生“他们反应迟钝”的感觉。

感情的表现越积极，越能让人了解当事人内心的感受，而感受性强的人，往往也会让人觉得非常有魅力。因此，我们在应该认真的时候，就要全心投入，在该笑的时候，就开怀大笑，才不会让人觉得我们反应迟钝，而留下坏印象。

● 用手握着麦克风演讲，较易表现出自己独特的形象

相信任何人都有在不同的场合演讲的机会。当使用麦克风说话时，我们用手拿着麦克风演讲，更能增加自己的魅力。

使用麦克风最重要的一点，就是口与麦克风之间应该保持一定的距离，这样听起来会比较舒服（声音不会忽大忽小）。通常较少使用麦克风的人，往往会在不知不觉中将自己转向背后的黑板，使自己与麦克风间的距离拉长，从而使声音变小。这是一般人最常犯的错误，我们务必要注意这一点。

如果我们将麦克风拿在手上使用，就可以随心所欲地走近听众席进行演讲，如此更易拉近我们和听众间的距离。所以当我们使用麦克风演讲时，不妨用手握着麦克风保持一定的距离，那样可获得很好的效果。

如何增加与他人的亲密感

- **你与对方的共同体验，可强化双方的亲密程度**

你在求学期间也许有过这样的体验，迫于无奈，在考试时串通某同学一起作弊。这种难以告人的共同体验，便成了你与这位同学结成特殊友谊的神秘纽带。

共同体验的秘密性越高或越特殊，亲密度也就越高。正如“吃过一锅饭”的说法一样，共同体验能使当事人拥有同伴意识。比如同在一个部队服役的战友，其感情便异于常人。如果一起当过侦察兵，又一起出生入死，一起完成过敌后侦察的任务，其感情更非同一般。由此可见，共同拥有的特殊体验，可以加强彼此的连带关系，更加强化亲密的程度。所以，只要拥有共有的体验，人们便会产生“以心相许”的意愿。

- **强调自己与下属有共同的目标，可以缩短彼此间的距离**

以前有一部电影，剧中有位老谋深算的强盗计划抢劫银行，于是他找了两名以前的手下，共商抢劫银行的事。后来他发现若只有他们三个人，由于人数太少，将很难成功。于是他要他的手下另外再找七个人，以便组成十个人的强盗集团。

他的手下顺利地找到了他们所需要的人手，但老强盗却发现，他与这七个新伙伴根本就不认识，他们是否值得信任实在是一个大问题。

于是他想到了每晚分别与一个新伙伴共进晚餐的好办法，席间除了交代各人所负责的任务之外，还郑重地向他们表示“我也跟你们一样需要钱”！

结果由于彼此有了共同的目标，这个计划最后成功了。

以上虽不是一个具有正面意义的好例子，但事实上像这样沟通彼此间共同的目标，往往可以迅速地拉近彼此间的距离。这就和一旦发生战争，国民间的感情就会迅速地拉近的道理是一致的。我们若能将这一技巧应用到工作上，往往会获得意想不到的好效果。

● 与人初次相见，坐在他的旁边较易进入状态

相信每个人都会有过这样的经验，那就是与人面对面谈话时，往往会特别紧张。因为人与人一旦面对面，眼睛的视线难免会碰在一起，容易造成彼此间的紧张感。

相反的，与人肩并肩谈话，在精神上绝对比面对面谈话要来得轻松。因此与人初次相见，坐在他的旁边往往较容易进入状态。这一点同样适用与异性约会的时候。

● 尽量制造与对方身体接触的机会，可以缩短彼此间心理的距离

有位评论家曾经说过，有一次当他去百货公司买衬衫时，售货员小姐立刻拿皮尺，帮他量颈围。由于此时的售货员必须与他靠得很近，所以会使他产生好像与亲人在一起的感觉，而生意也往往在这种气氛下成交。

事实上，每个人都拥有一个无形的“自我保护圈”。通常除非是非常亲密的人，否则不容易侵入这个范围。但反过来说，若对方已经侵入了这个圈内，则往往就会产生对方是自己的亲密者的错觉。

一本杂志上有一句很有趣的话——只要男女开始勾肩搭背，他们就已经是情人！的确，人与人之间有了直接的接触，彼此间的距离会一下子缩短许多。

因此若想在短时间内，缩短与刚认识者间的距离，最简单的方法就是尽可能地制造与对方身体接触的机会。

● 面带微笑地倾听更能拉近彼此间的距离

著名的节目主持人崔永元之所以会受到大众的欢迎，并非由于口才特别好，而是由于他总是能津津有味地听人说话。

同样，虽然说些笑话或开些玩笑让人欢笑，具有改善彼此间紧张的润滑作用，但有时一不小心，也可能会弄巧成拙。

因此，与其费尽心思逗人笑，不如认真听对方说话自己笑，反而可以拉近彼此间的距离。大家一起笑，很快地就能消除彼此间的紧张感，并且可以在很短的时间内建立亲密感。人与人之间的关系，也会因此获得很大的改善。

● 若与对方有共同点，就算再细微的也要强调

“你家住哪？”“喔，那个地方我以前常去，附近是不是有一家卖香烟的杂货店？”像这样，为了缩短与对方之间的距离，只要是可以拉近彼此距离的话题，就算再细微的也要强调。

人与人之间一旦有了共同点，就可以很快地消除彼此间的陌生感，产生亲近的感觉。这样不但可以使对方感到轻松，同时也具有使对方说出真心话的作用。

事实上，我们每个人都具有这样相同的心理。例如两个陌生人一旦发现彼此竟然曾就读同一所小学，顷刻间就会产生“自己人”的感觉，立刻会打成一片。

找一些共同点强调一下，往往会收到意想不到的效果。

● 将与自己关系密切的人名，写在电话记事簿的首页，会让他欣喜万分

当你到一位交往很久的同事家做客，你们尽兴地谈完准备回家的时候，他对你说：“这些文件待会儿再送到您家。”顺手打开他的电话记事簿，准备确认你的电话号码与住址。突然间你发现，你的名字竟然被写在第一位！老实说，你当时一定非常高兴！

每个人对“自己”都非常敏感，因此一旦发现自己受到与众不同的待遇时，不是感到非常兴奋就是感到非常愤怒！

如果将与自己关系密切的人名，写在备忘录的首页，往往可以让对方感到高兴，从而收到意想不到的效果。

表示对别人关心的方法很多，其中记住对方曾经说过的话，然后向对方表示“您曾说……”，是相当好的一种方法。另外，记住对方的兴趣、嗜好或计划等，再找个机会赞美他一番，也是

一种很好的方法。

- **任何事都先征求对方的意见，可使对方感受到被关切之情**

几年以前，一位教师曾经帮他的一名学生做媒，让该学生与一个女孩子相亲。相亲的地点是安排在一家大饭店的餐厅进行。当教师问他的学生“你要点什么”时，他的学生竟然没有回答，反过来问那位女孩“某某小姐，你要点什么？”

他的这一反应让教师放心了，教师想，这次相亲一定会成功。果然没错！因为任何事都先征求对方的意见，可以使对方产生被关怀的感觉，对方当然会留下好印象。另外，征求对方的意见，还可以给人一种被赋予选择权的感觉，而选择权在现代的社会又通常是达官显贵的特权，由此联想，就会让对方产生自己在这群人中最受尊重的感觉，当然会觉得非常的舒服。

任何人被人尊重，绝不会不高兴。

- **指出对方的服装或饰物上的小变化，可使对方感觉我们在关心他**

一般的丈夫，都不太懂得奉承自己的太太，更不会拍太太的马屁。例如太太去美容院回来，丈夫内心也觉得她的确比以前漂亮了，但却不会顺口赞美她几句。而太太本身也由于得不到丈夫的赞美，往往会产生“丈夫不关心我”的感觉。

每个人都希望被人关心，并且对于关心他的人，会很自然地产生好感。因此，若想让对方对自己产生好感，最好的方法就是积极地表现出你真正地在关心对方。

可见，我们对于对方的服装或随身饰物等，要随时注意，稍有变化就赞美他几句，这样往往可以让对方感到愉快！

上述的方法对女性尤其重要。因为女性往往比男性更重视自己的容貌与装饰。

对方一旦觉得你在关心他（或她），就会自然地对你产生亲切感。

● 若想让对方觉得我们关心他，就该夸赞他的各种潜力

对于关心我们的人，除非他的关心会伤害到我们，否则对方的一切我们大都不会计较。

尤其是当对方关心与我们自尊心有关的问题时，我们往往会对他产生好感。

那么怎样的问题，才是与自尊心有关的问题呢？其实，夸赞对方的各种潜力，就是很好的方法。例如与其说“你的发型很好”，不如说“若再剪短一点会更可爱！”这样说，对方就会觉得你真正地关心他，自然会对你留下好印象。

● 使用“请教”“帮我”等语气，较易获得对方的好感

有些人天生就有老人缘。而社会上真正掌握权势的又大多数是一些老年人，所以这些人往往就因此而可以平步青云。事实上，他们并没有使用什么特殊的方法，他们只不过是常用“请教”的姿态，来争取老年人的喜爱。

另外一种常用的方法是撒娇。事实上，任何人对跟自己撒娇的人，通常都不会产生坏印象，而且会觉得对方很可爱。

虽然撒娇能否成功，是否恰到好处，与撒娇者个人的“天赋”有绝对的关系，但一些技巧却也可以影响撒娇的成败。例如我们可以用“请教”“帮我”等语气，来达到撒娇的目的。若对方是自己的前辈或同乡等与自己有某种关系的人，采用这种方式将会有相当高的成功率。另外，若对方是同事或年长者，这种方法也会有不错的效果。

试想，别人尊称一句“前辈，一切拜托你了”，他那种尊敬你的心情，怎会不博得你的好感？对待这样的晚辈，我们又怎么忍心不去帮助他？

● 常用“我们”这两个字可以拉近彼此间的距离

有位心理专家曾经做过一项有趣的实验。他让同一个人分别扮演专制型、放任型与民主型三种不同角色的领导者，而后调查其他人对这三类领导者的观感。

结果发现，采用民主型方式的领导者，他们的团结意识最为强烈。而研究结果又指出，这些人当中使用“我们”这个名词的次数也最多。

事实上，我们在听演讲时，对方说“我认为……”带给我们的感受，将远不如他采用“我们……”的说法，因为采用“我们”这种说法，可以让人产生团结意识。

小孩在做游戏时，常会说“我的”“我要”等话，这是自我意识强烈的表现。在小孩子的世界里或许无关紧要，但若长大成人以后仍然如此，就会给人自我意识太强的坏印象，人际关系也会因此受到影响。

人的心理是很奇妙的，同样的事往往会因说话的态度不同，而给人完全不同的感觉。因此，善用“我们”来制造彼此间的共同意识，对促进我们的人际关系将会有很大的帮助。

● 会话中多叫几次对方的名字可以增进彼此间的亲近感

欧美人士常会在谈话中，不断地称呼对方的名字，往往会使刚刚才认识的人产生彼此已经认识了很久的错觉。

因此，会话中多叫几次对方的名字，可以增进彼此间的亲密感。

● 记住对方“特别的日子”（如结婚纪念日、生日等），可以给对方增加好印象

相信许多人若不是太太提醒，往往会忘了自己的结婚纪念日。如此健忘，太太当然会怀疑他是否还真的爱她。

推销技术高明的推销员，就会善用这项人们常会忽略的事，来达到加强对方对自己产生好感的目的。例如，他们会在对方的生日，打个电话祝他生日快乐，或者当对方的结婚纪念日快来时，寄一张贺卡。虽然这都只是一些小小的动作，但却会有意想不到的好效果。

- **赞美对方较不易为人所知的优点，可以加深对方对你的好印象**

就算再差劲的人，也会有一两处值得赞美的优点。例如一个人或许没有什么优点，但玩台球的技术却很高明，或者酒量非常好，这些都是他的优点，可以加以利用。

虽然有的人很在意自己的这些小优点，也有的人根本就不在意。但无论如何别人赞美他，一定会使他感到高兴的。

事实上，有时锦上添花式的赞美，引不起对方太大的喜悦。例如对一位已被公认是很漂亮的女孩子来说“你真漂亮”，由于她平时已被夸赞惯了，所以很难让她觉得兴奋。相反，若能找出对方较不易为人所知的优点，则往往可以使对方感到意外的喜悦。

- **每次见面都找一个对方的优点赞美，是拉近彼此间距离的好方法**

有一家商店生意非常兴隆，原因就在于他们店里的每一位店员，都不断地与购物的人聊天。他们除了会向客人打招呼之外，还不断地找客人的优点来夸赞。例如他们会向一位太太表示“你这件洋装很漂亮”，然后向另一位太太表示“你的发型很好看”！我发现他们虽然不断地赞美别人，但却是按每一个客人的不同的个性，选择适当的赞美词。

因此很自然地，这些客人在潜意识中，就会产生到这家商店购物就可以受到赞美的心理，而越来越喜欢到这家商店。

如果我们每次见面都被人夸赞，自然而然地会想再见到这位赞美我们的人，这是任何人都会有的心理。因此，每次见面都找出对方的一个优点来赞美，可以很快地拉近彼此间的距离。

● 见面时间长不如见面次数多

据说必须靠拜访客户来争取业绩的工作，最有效的工作方法，就是经常到客户那里去坐一坐。

它的道理就类似我们读书时，同样是读12小时，但连续读12小时，其效果绝对不如一天读2小时，连续读6天的效果好。

人际关系的培养，主要是要让对方觉得自己亲切而给其留下好印象。而逐次给对方留下的好印象，将比集中一次给对方留下的好印象更不易被淡忘。

通常有人认为，偶尔陪人通宵达旦饮酒或聊天等，可以很快拉近彼此间的距离，而给人留下很深刻的印象，但这样造成的好印象，若不继续加强，很快地就会消失。试想，当别人问“你和某某人的关系如何”时，其一是“我们只见过一次面”，其二是“我们偶尔见面”，其三是“我们时常见面”，这三种答案，给人的印象当然有很大的差别。因此，若想与人建立亲密的关系，记住，见面的时间长不如见面的次数多。

● “投其所好”，可以加强对方的好感

有一位朋友，一向习惯在别人名片背后，密密麻麻地写上一大堆资料。起初有人以为他是为了便于了解对方，才故意记录

的。当时别人只认为这种做法很不错，直到后来才发觉他的真正用意，比别人想象的还高明，使人更加佩服！

原来他所写的资料，并不是对方的年龄、籍贯等，而是记载自己如果下次再与他碰面时，必须做些什么！其中他最重视的，是对方的兴趣。他会刻意搜集与对方兴趣有关的所有资料，并于下次见面时将这些资料（情报）当作“礼物”馈赠。

例如，对方的兴趣是钓鱼，他就会收集有关钓鱼这方面的资料，并于下次见面时与他大谈钓鱼之道。当对方一听到他对钓鱼如此了解，会产生“同好”的感觉而倍加亲切。

或许有人会认为如此太过于功利主义，但事实上却不尽然。收集各种资料，不但下次见面可以有共同的话题，对于自己知识领域的充实也是有利无害的，并且以长远眼光来看，这将是一项非常有用的自我表现方法。

● 表达感谢之意，写信比打电话好

由于电话的普及，我们往往会忘了写信的作用。但若要加强对方的印象，尤其是需要向对方表达感谢之意时，写信的效果比打电话好得多。

为什么呢？因为写信比打电话麻烦。因此，写信往往给人一种有诚意的感觉。并且信件可以永久保留，每读一次信件，对对方的印象就会不由自主地加深一次。另外，信函有一种视觉的效果，通常视觉效果比听觉效果给人的印象更深刻。

还有一点也相当重要。那就是有些在电话中不大好意思说的话（例如“此恩终生难忘”等），用信函来表达就容易得多了。

信函的内容在“密度”方面，也比电话强多了。试想，我们若将电话中3分钟所讲的内容，用文字来叙述，其字数将会有多少！因此我们不难了解，打电话时我们必定说了不少废话，写信就可以避免这种缺点。因此，我们应该尽量以写信代替打电话，这样不论在哪一方面，都可以给对方留下较好的印象。

● 想缩短与异性间的距离，应该直呼其名而不要连名带姓地叫

有人说，男女之间的交往，可以由相互称呼对方名字的改变情形，看出彼此间关系的进展。事实上，男女之间刚开始交往时，通常都是连名带姓地叫，等到关系比较亲密后，就直呼其名了！

因此，若想缩短与异性间的距离，就应该直呼其名，避免连名带姓地叫。

● 想缩短与紧张者间的距离，可以采用稍微粗鲁的举动

有一位教授与人一起进餐，许多第一次与他见面的人都会感到紧张，有时就算他再三地向他们强调不要紧张也没有用。此时他就会使出他的最后法宝——脱掉上衣（甚至连衬衫也脱掉），拿起桌上的蛋糕就吃！

紧张的人看到了这一情形，虽然会愣一下，但随即就会完全放松了。

与此相反，譬如，上司正襟危坐，然后向下属表示“今天有

意见的可以说出来，不要客气！”在这种情况之下，哪一个职员敢吭一声呢？

如果对方处于紧张的状态，我们不能消除对方的紧张感，就无法与对方建立亲密的关系。因此想缩短与紧张者间的距离，不如用粗鲁点的举动，往往可以收到意想不到的效果。

● 有时用粗鲁的方式说话，可以缩短彼此间的距离

下属对上司说话，不用尊敬的语气是不对的，但上司对下属若采用较粗鲁的方式说话，有时反而会让人觉得亲切。

有的人就因为看起来太严肃了，因而在不知不觉中吃了闷亏。这些人若能在某些场合用粗鲁的方式说话，将可以收到使人觉得亲切的效果。

● 穿着与同事类似的服装，可以缩短彼此间的距离

“物以类聚，人以群分”穿着打扮类似的人，往往容易聚在一起，这种现象在心理学上称为“同步化”。因为人类可以借着与周围人的共同的行动，获得安全感。

事实上，穿着类似的服装，并不是女性的专利，男性在公司穿着与同事类似的服装，也具有缩短彼此间距离的作用。

有的记者会因采访的对象不同，而改穿不同款式的服装，以便增进与被访问者间的亲密感。服装的重要作用由此可见一斑。

● 善用口头禅可以增加别人对我们的印象

有位名作家，他每次接电话时，开口总是先说“我是可怜的人！”为什么要加上“可怜”两个字呢？据说这是他为了逃避编辑们向他催稿而想出的一种绝招。试想，他自己已经说出他为了赶稿、交稿忙得筋疲力尽，这么“可怜”的人，编辑又怎么忍心再向他催稿呢？

事实上，使用这种方法除了有上述的功效之外，同时还具有给对方留下深刻印象的作用。

有一位从事推销工作，且业绩相当不错的朋友，他的推销绝招就是常常打电话给他的客户，并且对方一接电话，他就立刻用很开朗的声音问道“最近好吗？”结果每次客户一接到他的电话，听到这句问候语时，就知道是他，并且还对他留下深刻的好印象。

每个客户都对他留下好印象，他的业绩当然会好。

像这样善于利用类似的口头禅，往往可以给对方留下深刻的好印象。

● 闲聊自己曾经失败的事，比谈自己成功的事，更易拉近彼此间的距离

男人聚在一起，大多会谈些不登大雅之堂的话题，来拉近彼此间的距离。此时若谈自己曾经失败过的事，会比谈自己成功的事，更容易拉近彼此间的距离。因为老是炫耀自己成功的光荣事情，容易让人产生反感，而留下不好的印象。

- **对听惯奉承者，说几句辛辣的话，反而可使他对你产生亲近之感**

美国有个叫《笑点》的电视专题节目，由几个演员互相调侃，通过嬉笑怒骂演尽人间百态，靠的是临场做戏，即兴发挥。人们观看这个节目时，都为那种火爆的场面捏一把汗。其实，这也正是该节目吸引人的地方——演员相互间的融洽关系使他们能够很随便地去攻击对方，而不致担心会留下嫌隙。

在工作上，你如果希望同对方能有进一步的交往，也可试用此法。倘若你一味敷衍，只说些客套的奉承话，事情反而不易取得进展。此时，你若将对方的缺点婉转道出："我明白你十分惶恐厄运临头，可是，你为什么只往坏处想呢？"或者说："恕我直言，你实在过于谨慎了"，这样说，会使对方产生耳目一新的感觉。特别是对那些平时位高权重、听惯了奉承话的人，倘若你给他两句比较辛辣却又切中他的弱点的话，对方在震惊之余，一定会暗自欣赏你的眼力和勇气，一定会将你的直言不讳看作是对他的关心和体贴，自然深受感动。从此，你们之间的关系，便开始迈出了相互信任的第一步。

- **毫不费力地提及对方说过的小事，表示你的关心**

有一次，一位心理学专家应邀去某处演讲，主持人问他："您的专业是什么？"他一赌气答道："受人之邀，来此演讲，一无所长。"虽说我的朋友未免有点心胸狭窄，但这种尴尬场面的出现，与主持人说话不得体也有很大关系。由此可见，邀请别人之前，或多或少搜集一些被邀者的情报资料，以便先对对方有所了解，的确很有必要。一般来讲，谁都期望得到他人的了解和关心。如果对方对你一无所知，你也会像我的朋友那样气恼和失望。反之，你若做了准备，对方会感到你维护了他的自尊心，因而感谢你的诚意。

在向对方表示关心时，要记住对方说过的细微之处，过后选择适当时机毫不费力地指出："以前，你曾说过……使我至今记忆犹新。"特别是当你说出了对方的兴趣和爱好的时候，对方一定会为你对他的重视而感到欣喜，可以马上打消对你所存的戒备。

如何让人感觉你可以信赖

- **不要刻意隐藏缺点，要知道，缺点是"欲盖弥彰"**

百货公司偶尔会举行次品大拍卖。一旦这种大拍卖展开，每天都会吸引许多的人前往抢购，为什么次品也会这么受欢迎呢？

人的心理通常是隐恶扬善的，所以他们会想尽办法去掩饰缺点，宣扬优点。因此，一旦有人明白地指出自己产品的缺点，反而会让人觉得这家公司很诚实而对它产生信赖感（当然价钱低也是吸引人抢购的原因之一）。

做人的道理也是一样。将自己的缺点明白地表示出来，往往会得到别人的信赖。但这并不是说要将自己的缺点一五一十地全都说出来，这样做不但得不到上述的效果，反而会收到破坏自己形象的反面效果。

那么应该怎么做效果才会最好呢？我们可以透露自己的缺点，但不能太多，顶多透露一两项无关紧要的缺点就行。有少许小缺点的人，给人的感觉往往是“虽然有少许缺点，但大体上很好”。这样的人往往更能获得别人的信赖。

● 知之为知之，不知为不知，是知也

有一次美国加州大学一位教授讲课。课上教授提出他做的老鼠实验的结果。此时有一位学生突然举手发问，提出了他的看法，并问这位教授假如用另一种方法来做，实验结果将会如何。会场的听众都看着这位教授，等着看他如何回答这个他根本就不可能做过的实验。结果这位教授却不慌不忙，直截了当地说“我没做过这个实验，我不知道”。

同样的情况若发生在东方某位教授身上，情形可能就会完全不同。他一定会绞尽脑汁，说出“我想结果会是……”的话。

一般人都有不想让别人看出自己弱点的心理，因此，很难开口说“不知道”。但有时承认不知道，反而可以增加别人对我们的信任。

因为直截了当地说不知道，会给人留下非常诚实的印象，并且敢说不知道，其勇气也是别人所佩服的。因此对于这种人所说的其他答案，别人会认为一定是千真万确的才会说，对他也就会更加信任。

● 放慢说话的速度，给人留下诚实的好印象

优秀的推销员绝大部分都是木讷型的。虽然这并不表示口齿

伶俐的人不适合当推销员，但口齿伶俐并不是一个推销员所必须具备的条件。事实上，太过于伶牙俐齿，往往会让人产生反射性的怀疑——真的这么好吗？反过来说，若是木讷点，反而会令对方产生“诚实”的印象，会有听听看再说的念头。

当然要促使顾客有购买欲望，这必须运用各种促销技巧才能达成。但最重要的，首先就是获得对方的信任。

这一点不仅推销员，在任何需要说服别人的场合都可能应用得到。尤其是想打动一个人的心时，说话速度太快往往只会导致相反的结果。或许我们是不想浪费对方太多的时间，才会快速地叙说我们所要表达的一切，以免因太多地占用对方的时间而留下坏印象。但事实上，我们传达给对方的不只是一些表面的数据资料，最重要的是让对方产生信任感。因此若不能获得对方的信赖，传递再多的信息也是枉然。

因此，我们应该借助一些技巧，来争取对方的信任。其中最简单且有效的方法，就是将说话的速度放慢。尤其是与人初次见面的时候更须如此，才不会给对方留下轻浮的坏印象。

● 对有信心的事，越小声叙述越会显得有分量

人的思想是很奇怪的，他们判断一件事，有时并不依据对方的说话内容，而是依据对方说话时的表情和态度。

例如我们责骂小孩时，若用很大的声音去骂，往往会使小孩产生逆反心理，反之，若用温和亲切的方式劝导，反而可以收到良好的效果。

● 果断地表达你的观点

算命的人在给人算命时，虽然开头会讲各种模棱两可的话，但到了最后，一定会说“你将会如何如何……”，而不会说“你可能会如何如何”。这些算命的人，对于武断式的心理暗示效果非常清楚，才会说出这样的话，让人产生信服的感觉。

另外，这类暗示效果也常被应用在催眠术上。

当初松下电器公司开始创建时，松下幸之助把奋斗的目标设定在谁也无法相信的最高数值上。但他本人却充满了信心，对任何人都表示“松下公司一定会如预期的成长”，他的这种态度，获得了大家的好感，结果业绩竟然真的达到了他预期的要求。

像这样使用武断式的言论，正是表现自己有信心的绝妙方法之一。

● 打电话给别人时，先问一句：“你现在有空吗？”

有时别人打来的电话并不见得会受欢迎。因为你在开会或者是正在与重要的客户谈论公事，有时往往会因为一个电话而打断了你的谈话。反过来说，若打电话的人在对方非常忙碌的时候，叙说自己想表达的事，相信对方也不见得会听得进去。

因此，想让对方听进去我们想说的话，就必须让对方有愿意听我们说话的心情。打电话时让对方产生这种心情的最好方法，就是在开始说话以前，先问清楚“你现在有空与我谈话吗？”等对方答应了才开始进入主题。

像这样先征求对方同意，再开始进入主题，会给对方非常诚心的印象。反之，若用“谈5分钟就好”这种强迫的方式，然后延长为10分钟，甚至15分钟，那给对方的印象就会非常恶劣。

另外，就算对方当时没有时间听电话，但若使用上述的方法，会让对方觉得很舒服。就算当时没有空，他也会主动地告诉你，何时有空到时你可再打过去，这样就会达到你通电话的目的。这种利人利己的小事，是我们绝对不能忽视的。

● 提前10分钟到达约会的地方

与人约会要守时，是尽人皆知的道理。但若是由自己主动邀请的约会，那我们就必须比约定的时间提前10分钟到达，以表现出自己的诚意。

不迟到是一种守信的行为，因此可以给人留下诚实的印象，进而对这个人产生信任感。

但最重要的不是守时，而是不让对方等。因此就算我们准时到达，但若对方已先我们而到，就失去了意义。因此我们应该比预定的时间提早到达，以便等待对方的到来。

另外，我们有时参加一些重要的集会，会让我们觉得很紧张。此时若能稍早到达集会的地方，让自己先适应一下环境，多少可以消除我们的紧张感。

● 只借一二十元也如期偿还，可提高别人对你的信任感

骗子最常用的方法之一，就是先向人借一点小钱，而且有借必还，等到建立起信用后，再借一笔大钱，然后逃之夭夭！虽然

时代不断地进步，人们的知识水准也不断地在提高，但上当的人却仍然层出不穷。

随着时代的进步，金钱的价值越来越低，因此许多人认为借一点小钱根本就用不着还，这些骗子就利用了人们的这种心理，建立起自己诚实的形象，达到诈骗的目的。

我们也可以利用这种方法，建立自己的信用。换句话说，就是要靠向人借一块钱，也要记得还的方法，来建立起别人对我们的信任感。

这一论点不仅适用于金钱，就是与人做小小的约定时，也同样地要依约履行，这样的人才会让人信任，无论做任何事也都将更为顺利。

● **直截了当地承认过错，可以表现自己的坦诚**

考试成绩差的小孩，往往会不敢直接回家，或者是回家后找一大堆理由，尽量推卸考不好的责任。

其实，我们向人道歉时，最好的办法是直截了当地说出对自己不利的一切。这样原本想对你发动攻击的人，就会丧失攻击的动机，因为这正表现了你的诚实。事实上，这比找一些借口支吾其词地向人解释来得有效。

因为支吾其词，往往会给人逃避责任的印象，更会给人极不好的印象，并且还会使对方有“他根本就没有真正认错的诚意”的感觉。相反的，若直截了当地认错，就可以增加自己的信誉，让对方有不妨让他再试一次的意思。由于道歉时的态度各异，往往会给人截然不同的感受，这一点我们务必要牢牢记住。

● **与其辩护，不如弥补**

某一公司在开会时，发给每位与会者的资料中，因人为的因素少印了几张重要的文件，虽然这几张文件对该会议并没有造成严重的影响，但事先负责影印这份文件的年轻女职员，却被她的上司叫去狠狠地骂了一顿。

这位女职员在郑重道歉后，请求她的上司让她重新影印一次，把完整的资料补发给与会人员。

听到她的这项要求，上司对她的印象突然改变了。因为她不只用道歉来弥补此次工作的过失，还设法用实际的行动来弥补自己的过失，表现了强烈的责任感。从此这位女职员就给上司留下了深刻的好印象。

因此有过失时，与其辩护，还不如立刻提出改善的方法，这样更能表现出自己的责任感，进而获得对方的好感。

● **一句“像我这样的人”，往往能消除别人对我们的不信任感**

在众多的学者及评论家的座谈会中，主办单位安排了一位家庭主妇列席发言。当轮到她发言时，她居然用“像我这样的家庭主妇……”作为开场白，但结果却成了一次非常精辟的演讲，实在让人刮目相看。

她很高明地利用了人们的心理。那就是利用“像我这样的人……”引开了人们对她的不满、不信任及愤怒感。当然当时人们对她可能并不会有不满或愤怒感，但却多少会有不信任感，可是她靠着这一开场白打破了别人对她的不信任感，收到了比预期更好的效果。

因此若认为别人会不信任我们，我们可在开始说话时模仿这位女士的说法，打破对方对我们的不信任感，然后再进入说话的主题。

● 复述对方的问题足以表现自己对这件事情的认真态度

有一些人虽然喜欢演讲，但却不喜欢答复台下的人所提出的问题。的确，他们所提问题的内容有时真是莫名其妙，有时甚至会与演讲的内容毫不相干。关于这一点，有一位评论家所使用的方法就值得我们学习。

他的方法其实也很简单。每当有人向他提出问题时，他总是不厌其烦地重复一次对方的问题，再开始进行解答。而在重复问题的这一短短的时间当中，他就可以思考着该如何回答。这种方法往往可以给提问的人留下“他真的在认真思考我的问题”的印象，自然而然地对他产生好感。另外，重复对方的问题还有另一个好处，那就是可以让提问的人确认自己问的是否就是这个问题，避免因听错或会意错，而答出不相干的内容。

这种回答的方法在面试等较严肃的场合尤其有效。在这种情况下若能用这种方式回答问题，可以给主考官留下“认真”的好印象。试想，如果主考官发问后，你就立刻回答或沉默不语，主考官会有怎样的感受？收到的效果当然会是负面的。因此，不论回答的答案是否得体，开始回答问题前，先复述一遍问题，绝对可以给对方留下好印象。

● 积极响应对方的话题

我们打电话时，若对方一直闷不吭声，我们一定会觉得很不好受，似乎有被对方忽视的感觉。

这一点不只在电话中。就是与人面对面谈话时，若对方毫无反应，我们也一定会觉得很不好受。

此时我们虽然可以用“嗯”“喔”等语气表示我们确实在听，但最好的方法是在说到某一个段落时，重复一次对方所说的内容的重点。这样不但能消除对方的不安全感，同时也可以让他觉得我们很专心地在听，理解力也很强。事实上，这一点在公事上也可以加以应用。当上司命令我们做事时，每次都复述上司命令，则上司会认为下属确实已经理解了他的命令而感到放心。

另外，复述上司命令，对我们本身而言，同时还具有加强记忆的作用。因此无论从哪个角度来看，复述命令对我们而言，是绝对有益无害的。

● “请你听我说”听起来比“我要告诉你”谦虚得多

想让对方对我们产生信任感，最主要的一点，就是要消除对方的警戒心。

而在谈话时，最重要的一点就是要让对方觉得他是主角。“我要告诉你”是以说这句话的人为“主”，因此对方的感受往往不如“请你听我说”来得悦耳！这不但是以对方为“主”，并且还可以表现自己的谦虚，是件一举两得的事。

● **满足对方不经意间流露出的愿望**

有位任职于某企业的经理，曾讲述了一件令他很感动的事。他说有一位任职于他客户公司的年轻职员，有一天拿了一瓶他们家乡的土特产酒来送给他，追究其原因才知道，原来不久之前，在他们一起喝酒的时候，这位年轻的职员向他表示，他们家乡所酿的土特产酒味道不错。这位经理就不经意地向他表示，方便的话，哪天就送他一瓶，结果这位年轻职员果真没忘记他们之间的约定，把酒送来了。这种诚意着实使这位经理深深地感动。

一般来说，不信守约定被认为是件不好的行为，但喝酒时所定的约定却是例外，因此若能遵守喝酒时所定的约定，将会让人刮目相看。

事实上，想给人留下深刻的印象，“意外感”所占的比例往往是相当大的。

因此，若想给人留下深刻的好印象，就必须遵守一些非正式的约定，这样对方将会因感到意外而留下更深刻的好印象。

● **从容不迫地道别**

有些人在工作告一段落，要与客户道别时，会一边整理东西一边向客户道别。虽然这很可能是一种无意识的小动作，但这样做往往会让人觉得你归心似箭，而留下坏印象。

我们必须意识到，道别是一种独立的事件，不可以把它和其他的事情合并进行，否则一定会给对方留下坏印象。

- **倾听失意者说话，可以获得对方的信任感**

心里有什么不舒服，往往可以因找到倾诉的人而得到松弛，而人际关系也因此得到润滑。

可是人一旦陷入低潮，往往会连与人谈话的兴致都没有，但心里想诉说的苦楚却越来越多，这是一种恶性循环。

对于这样的人，我们应该尽力去帮助他。而他实际上最需要的，就是一个愿意倾听他诉苦的人。因此，我们可以邀他喝酒或请他吃饭，慢慢地让他放松下来，让他愿意开始倾诉他的苦恼，我们若如此从心底去帮助他，日后他对我们的信任感将会大大增加。

- **对不在场的第三者表示关心，可以加强对方对我们的好印象**

有位初任职某出版社的年轻编辑到朋友家拜访。当谈到一半时，他不时地看表，然后突然站起来向朋友表示，他还有另一个约会必须赶去，当这个朋友送他到门口后，他果真跑着去赶赴另一场约会了。

或许有的人会认为他的这种态度很没礼貌，但他当时给人的印象，却是真正地关心另一个人，从而给人留下了很好的印象。

当然他当时并非是表演给人看的，而是真的要赶赴另一个约会，但若想“表演”一下也未尝不可。例如当我们与人交谈到一半时，可以起身打个电话，然后跟对方说“我下一个约会可能会迟到10分钟，所以必须先打个电话跟他说明一下”。如此一来对方一定会设身处地地想，假如我是他的下一个约会对象，他也会同样地关心我，而给他留下很好的印象。

● **身体姿态，反映品行**

在传统习惯中，与身份地位比自己高的人见面时，为了表示敬意，必须挺直腰坐得端端正正。

事实上，就算说话毕恭毕敬，若表现出一副吊儿郎当的态度，别人也绝不会留下好印象。

因此，与第一次见面的人谈话时，切记绝不可跷起二郎腿，否则就算在其他方面的表现都很好，也会给对方留下坏印象。

● **巧借无利害关系的人传你的话，能增加可信度**

当你参观画展或听演奏会时，你可从不同的人对当事人的称赞，了解他们之间交情的深浅。当事人的家人和亲朋好友，决不会使用一般的夸奖词。他们甚至会站在当事人的立场，格外关心人们对画展和演奏会的评论。交情稍好一些的朋友，经常使用的称赞语是“画得很好”，或“演奏得不错”。如果某人使用夸大的赞美词，你可断定，此人必与当事人不熟。这些赞语对当事人来说，都不是他最企盼、最关心的。因为这些赞语都出自与他或多或少有关联的人。他最关心的是与他毫无利害关系的人如何评价。

假如你告诉当事人，有几位与当事人完全不认识的参观者评论“画得很好”，或“演奏得相当成功”，当事人一定会喜出望外。

总之，毫无利害关系的人所说的话，比较真实，因而也乐于为当事人所接受，因为它的可信度比较高。如果你能利用人们的这种心理，一定比你当面去谈强百倍。

如何让人觉得你很成功

- **恪守信用，立身之本**

所谓“守信用原则”，就是说到一定要做到。这听起来既简单又合理，但是绝大部分人就是做不到。假如一个人兑现了他曾经许过的所有诺言，他一定会成为一位鹤立鸡群般的杰出人物。

我们都遇到过类似的不幸，也为这样的“食言”而痛心疾首。行失于言是一种极糟糕的形象，你一定要像避瘟疫一样避免。

假如你想要创立一项长久的事业，你就必须准备长期与别人合作。你的产品，加上你执行守信用原则的能力，将决定着你能否在长期的经营中取得成功。如果你想要事业长盛不衰，你就必须塑造这样的成功形象。

● 出色的工作增添你的成功形象

自然，塑造一个成功的形象的最好方法是，工作成绩突出。你的杰出表现及其带来的声誉，将使人们知道你是多么了不起。人们从你昔日成功的记录，或仅仅通过目睹你工作时的风采，就可认定这一点。如同你看见一个网球运动员在球场上挥洒自如的身影，就认定他是个职业选手一样，当人们看见你在所从事的领域里的非凡表现时，他们也不会怀疑你的职业水平。

如果你的事业刚刚起步，或虽然经过几年的发展，但仍然没有达到理想的水平，你可运用“成功孕育新的成功”的原则。你应该做的第一件事是：总要表现得忙忙碌碌，绝不要让你的顾客们知道，你的业务少得可怜；相反，要给他们留下你总是“日程全满”的印象。

运用“成功孕育新的成功”的原则来塑造成功形象的技巧是：有一副看上去很成功的外表。如果你的衬衣领已经磨破了，皮鞋脏兮兮，西服的翻领款式过时，领带也不干净，那么很显然，你要么不成功，买不起服装；要么干脆是个饭桶！成为这两种形象中的任何一种，你都将无疑是个失败者。

“成功孕育新的成功”原则，要求用那些可以提高你的形象的象征物来装饰你办公室的墙壁。学位、学术证书以及类似的东西都能很准确地告诉顾客，你是多么出色。你获得的奖章、奖状也有同样的效果。

● 娶一位好妻子，给你的形象加高分

在树立自己的成功的形象时，不要低估你的伴侣对你形象的影响，在很多生意或社交场合，你的妻子都扮演着对你的事业至关重要的角色。她留给别人的印象如何，肯定影响着人们对你的看法。

如果你是个商业专业人员，带妻子出席一些跟业务有关的社交活动，就显得非常重要。这不仅因为你的客户们在场，而且你的潜在的顾客也在场。这些未来的顾客及其夫人们对阁下和尊夫人的印象如何，可能决定着你们能在多大程度上说服他们接受你们的服务。如果他们发现尊夫人魅力十足，他们将做出积极的反应；假如尊夫人使他们大失所望，那么阁下同他们做生意的希望也会化为泡影。

大多数情况下，你可采取很多措施改进你妻子的形象。例如，你知道她酒量很小，就要注意不要让她太放纵自己。如果她由于对有关业务的知识知之甚少而出丑，你就应负责多教给她这方面的东西。假如她智力尚可，她很快就会获得一些你的业务方面的知识，你就会惊奇地发现，在未涉及专业性太强的问题时，她谈起生意来还是很在行的。事实上，纯专业性的问题一般也不会在这样的场合讨论。

建议你的夫人在与业务有关的社交场合，避免谈论有争议的问题是非常明智的，谈论有争议的问题有时会使她陷入极大的困境。

自然啦，任何时候尊夫人都应表现得像个贵妇人才对。常

言说得好：“只要她还是个贵妇人，你就拥有一笔财富，而不是一个负担。”当然，她的外表在很大程度上决定着别人对她的印象如何。而且毫无疑问，她的衣着风格同你的一样重要。因为女人总比男人更需要打扮。所以支付得起的话，不妨给她买几套高档衣服，这是一笔很划算的投资。尊夫人身着高档服装，配以珠宝玉器，不但树立起了她的成功形象，也使你看起来充满了成功的希望。你那些客户的夫人们通常对她们的丈夫们有很大的影响力，她们将向丈夫评说你夫人的打扮是否得体。

任何时候，你妻子试图打扮成当地最性感的女人都不合适。通常她应比较谨慎地穿上时装，这样，即使给男人们也能留下好印象。

● 幽默的形象，让你“亮”起来

具有适当的幽默感，不仅能给你的事业带来极大的好处，而且会使你的工作更有乐趣。幽默可以消除紧张情绪，创造一种轻松愉快的工作气氛，从而使你的事业更为成功。它同样也是塑造成功形象的一个因素。每当面临选择时，绝大多数人都愿意与那些有幽默感的人打交道。

在提到幽默感的同时，必须强调，它只能像任何其他事情一样，运用得当。通常情况下幽默确实可以帮助你打开僵局，但在某些特定场合也许会适得其反。掌握“火候”非常重要。否则，就可能弄巧成拙。例如，这样向一位很有身份的潜在的顾客进行推销就显得十分荒唐：从后面拍一下他的肩膀，问道：“嗨，伙计！听说过那个女旅行推销员的笑话吗？”再比如当你的生意正经历着困难而走下坡路时，你不会欣赏你的律师跟你开一些破产的玩笑。

在当今复杂的社会中，许多人灰心丧气、精神萎靡。因为压力和紧张情绪比以往任何时候都普遍，所以恰当的幽默就显得越来越重要。它经常是缓和尴尬局面的最好办法。如果你天生就有幽默感，那一定要发扬它，因为这无疑是一种优秀的品质，人们会因此而乐于与你共事。

● 与杰出的成功者交往合作

同什么样的人合作对你的形象产生着巨大影响。并不是要你把对自己形象不利的朋友们都甩了，但是跟什么样的人打交道确实跟你的形象有关。俗话所说的“物以类聚，人以群分”“与狗居，必惹蚤”，并非无稽之谈。这两句谚语都非常正确，特别是从别人将做何反应的角度讲。例如，如果你有一些地位显赫而且功成名就的朋友，人们就会想，“他一定颇有本事，否则，怎么能跟那些人在一起？”如果你的朋友全是些失败者，那么，即使这不会严重损害你的形象，但也不会对你产生积极的影响。还有，如果你在公司里整天同那些声名狼藉的人打得火热，你的形象也会受损。要强调的是，为了塑造更好的形象，要换换朋友们，而且要搞清楚同你合作的人中，哪些人有助于你的形象塑造，哪些人有损于你的形象。

如果你的朋友是出类拔萃的人，别人就会认为你大概也是这样的人，或认为你迟早会成为这样的人。正因为如此，名牌大学才受到望子成龙的家长们的青睐。他们知道，名牌大学的气氛足以熏陶出与众不同的气质，对子女的事业成功将大有好处。

● 不明确地指出对方的错误，可以增强他的不安感

倘对方在约会时不得已迟到，只要稍致歉意，也就过去了。可是，为使交涉的事情于你有利，此时你须主动，要最大限度地利用对方的这种无心之过。对方迟到了，你开口便说：“怎么搞的，让我等了半个多小时！”这容易使对方产生抵触情绪。最好的办法是，你对迟到的事只字不提，立即进入交涉的主题，即使对方解释迟到的理由，你也故意一声不吭，仅仅冷笑一声即可。这样，对方心里会更加不安，而且这种不安会一直贯穿于整个交涉过程中。此时，你在心理状态的对比中，自然就占了优势。

他自己感到的错误或弱点，假如你完全不予理睬，他就会觉得自己的人格受到了轻视，这是人类共同的心理特征。对方带着这种不安参加讨论或交涉，精力必然难以集中，他们获胜的机会就会相应减少。

在公司里，下属经常送待批的文件给上司。上司并不当场看，也不讲话，只是点点头。下属看到上司这种莫测高深的样子，心里难免不安。没做错事尚且如此，如果有错，肯定更受不了。